One-Touch-Kombinationsfußball

Martin Hasenpflug

ONE-TOUCH-KOMBINATIONSFUSSBALL

Jugendfußballtraining für Topvereine

2. Auflage

FSC
www.fsc.org
MIX
Papier aus verantwortungsvollen Quellen
Paper from responsible sources
FSC® C105338

Herstellung und Verlag: Books on Demand GmbH, Norderstedt

ISBN-13: 978-3-7322-9561-6

Bibliografische Information der Deutschen Nationalbibliothek: Die Deutsche Nationalbibliothek verzeichnet diese Publikation in der Deutschen Nationalbibliografie; detaillierte bibliografische Daten sind im Internet über http://dnb.d-nb.de abrufbar.

Grafiken Stabilisationstraining: Hartmut Padubrin. Lektorat: Anti-Fehlerteufel.

Inhaltsverzeichnis

Vorwort 6
Martin Hasenpflug

Legende 8
Erläuterung der Grafiken

A: Technik-Endlosformen 9
Spiel über den Dritten & Schnelligkeit

A: Ballzirkulation 33
Spielformen zum Kombinationsfußball

A: Taktik 44
Pressing & Spielaufbau

B: Pass in die Tiefe 49
Raumgewinn durch Vertikalpässe

B: Torchancen erspielen 52
Räume erkennen & nutzen

B: Doppeln 55
Zentrum, Flügel & nach hinten

B: Spielverlagerung 60
Raumgewinn durch Seitenwechsel

B: 90-Grad-Ball 63
Torchancen über außen erspielen

B: Andribbeln 66
Gegnerische Reihe überspielen

B: Gegenpressing 69
Ballverluste attackieren

B: Chancenverwertung 72
Torschuss & Spiel über den Dritten

B: Flügelspiel 75
Kopfball, Flugball & Hinterlaufen

B: Situatives Angreifen 78
Außenverteidiger attackieren

El Rondo 81
Ballzirkulation in Kleingruppen

Standardsituationen 87
Erfolgreich ausführen & verteidigen

Turnierformen 92
Spielen in kleinen Teams

Stabilisationsübungen 98
Kräftigung für den Fußballer

Positionsaufgaben 101
Spielpositionen im Detail

Vorwort

Martin Hasenpflug

Basierend auf dem Buch **Turbo-Lernfußball** entstand der **One-Touch-Kombinationsfußball**, eine erweiterte Trainingsmethodik, die neben dem zentralen Thema „Verbesserung des Zusammenspiels" für jede Woche noch einen speziellen Schwerpunkt vorsieht. Ziel ist es, mit einem sehenswerten Kombinationsfußball erfolgreich zu spielen. Aus diesem Buch lassen sich 32 attraktive und abwechslungsreiche Trainingseinheiten entnehmen. Im Vergleich zum Turbo-Lernfußball wurde die Organisation einer Trainingseinheit nochmals vereinfacht.

Besonders für den Jugendfußball ist der **One-Touch-Kombinationsfußball** geeignet. Diese Spielphilosophie steht im genauen Gegenteil des mehrheitlich praktizierten Kick-and-Rushs. Hier kann man zwar mit weniger detaillierter Trainingsarbeit mehr Erfolg erzielen, aber die Spieler entwickeln sich dabei nicht weiter. Mit der Trainingsmethode des **One-Touch-Kombinationsfußballs** kann man dagegen optimal ausbilden und erfolgreich Fußball spielen. Durch ein intelligentes Verhalten lassen sich alle Spielsituation spielerisch lösen. Jeder Spieler hat laufend lernintensive Aktionen mit und ohne Ball.

Der **One-Touch-Kombinationsfußball** besteht aus zwei verschiedenen Arten von Trainingseinheiten. Den sogenannten A- und B-Trainingseinheiten. Die **A-Trainingseinheit** entspricht dem Turbo-Lernfußball, verbessert das Zusammenspiel und wird, bis auf den letzten Trainingstag der Woche, immer praktiziert. Sie beinhaltet Technikübungen (Schwerpunkt Spiel über den Dritten), Schnelligkeitsübungen mit Technikbezug, Spielformen zur Verbesserung der Ballzirkulation und Abschlussspiele mit einfachen taktischen Vorgaben. Beim Turbo-Lernfußball richteten sich die taktischen Elemente noch an einer 4-2-3-1-Grundformation aus. Beim **One-Touch-Kombinationsfußball** ist es die 4-4-2-Raute-Grundformation.

Am letzten Trainingstag der Woche wird die sogenannte **B-Trainingseinheit** absolviert. Diese steht immer für einen speziellen Schwerpunkt, z. B. Spielverlagerung, Torchancen erspielen, Doppeln, Pass in die Tiefe, Andribbeln usw. Im darauf folgenden Spiel gilt es, diesen trainierten Schwerpunkt besonders genau umzusetzen. In welcher Reihenfolge man die Schwerpunkte trainiert, soll jeder Trainer für sich entsprechend der Notwendigkeit entscheiden. Das schnelle Kombinationsspiel aus den A-Trainingseinheiten wird so jede Woche um zusätzliche Spielelemente erweitert.

Wie schon beim **Turbo-Lernfußball** sind die Trainingseinheiten einfach zu organisieren. Es werden nur wenige Hütchen benötigt. Das Training kann man alleine leiten und man ist flexibel betreffend Spieleranzahl. Die Übungen sind schnell erklärt, laufen dann selbstständig ab und die Spieler haben aufgrund der Einfachheit und der organisierbaren Wettbewerbe viel Spaß.

Trotz der großen Flexibilität betreffend der Spieleranzahl kann es bei besonders großen Trainingsgruppen zu Wartezeiten für die Spieler kommen. In diesem Fall „parkt“ man vier bis acht Spieler mit kleinen Ballzirkulationsspielen am Spielfeldrand. Im Kapitel **El Rondo** werden für jede Spieleranzahl zwei verschiedene Ballzirkulationsspiele beschrieben. Nach einigen Minuten wechseln die „geparkten“ Spieler dann für die gleiche Anzahl an Spielern in die Hauptübung.

Am ersten Trainingstag nach einem Spiel kann man mit kleinen **Turnierformen** einen Wechsel aus hoher Belastung und Regeneration schaffen. Nicht zum Einsatz gekommene Spieler können ihren konditionellen Rückstand aufholen und durchgespielte Spieler haben Regenerationspausen. Extrem hoch belastete Spieler absolvieren parallel zum Turnier Fußballtennis oder Fußballrundlauf. Turniere machen nicht nur Spaß, sondern fördern auch, aufgrund der kleinen Teamgrößen, das gegenseitige Coaching. Kleine Teamgrößen führen zu überschaubaren und dadurch lernintensiven Spielsituationen.

Es folgen die Kapitel **Stabilisationsübungen** und **Positionsaufgaben**. Durch Kräftigungsübungen kann man seine Spieler koordinativ verbessern und gleichzeitig für eine Verletzungsprophylaxe sorgen. Im Kapitel **Positionsaufgaben** wird das taktische Verhalten innerhalb des **One-Touch-Kombinationsfußballs** aus Sicht der einzelnen Spielpositionen beschrieben. Es sind zusätzliche Detailinformationen enthalten.

Wer auf der in diesem Buch geschilderte Basis weiter arbeiten möchte, kann aus dem Buch **Turbo-Lernfußball** 28 neue **A-Trainingseinheiten** entnehmen. Zusätzlich sind Technikübungen mit dem Schwerpunkt „Klatsch und Dreh“, taktische Spielformen für das 4-2-3-1 und viele Trainingsformen zur Verbesserung des Offensivspiels enthalten. Die hier enthaltenen **B-Trainingseinheiten** können und sollten regelmäßig zur Vertiefung wiederholt werden. Auf diese Art lässt sich mit zwei Büchern weit über eine Saison abwechslungsreich Kombinationsfußball trainieren und schult seine Mannschaft im Spiel mit zwei verschiedenen Grundformationen.

„Kraft wird aus dem Zwang geboren und stirbt an der Freiheit.“

Leonardo da Vinci 1452–1519

Legende

Erläuterung der Grafiken

Aktive Spieler und Bälle werden groß und wartende Spieler mit ihren Bällen klein dargestellt. Die zwei Punkte (Augen) der Spieler-Symbole zeigen die Richtung ihrer Stellung an. Für die einzelnen Spielpositionen werden in diesem Buch folgende Kürzel verwendet: TW = Torwart, IV = Innenverteidiger, AV = Außenverteidiger, 6er = Sechser (defensiver Mittelfeldspieler), 10er = offensiver Mittelfeldspieler, MA = Mittelfeldaußen (offensiver Außenspieler) und ST = Stürmer.

- Verteidiger
- Angreifer
- Neutraler Spieler
- Spieler eines dritten Teams
- Ball
- Hütchen groß
- Hütchen klein
- Laufweg
- Ballweg
- Dribbelweg

A: Technik-Endlosformen

Spiel über den Dritten & Schnelligkeit

Dieses Kapitel enthält die Technik- und Schnelligkeitsübungen, die den Beginn jeder **A-Trainingseinheit** bilden. Je nach Spieleranzahl wird der Parcours der Technikübung zwei- oder dreimal nebeneinander aufgebaut. Es wird eine hohe Anzahl an Wiederholungen angestrebt. Zur Erhöhung des Tempos, Simulation eines Zeitdrucks, Bewältigung von Stresssituationen und auch zur besseren Motivation treten die Spieler der jeweiligen Parcours im Wettbewerb gegeneinander an. Das Verlierer-Team muss eine kleine Zusatzaufgabe wie z. B. Liegestütze absolvieren.

Nach der Technikübung ist die Muskulatur so weit aufgewärmt, dass die Schnelligkeitsübung am gleichen Parcours folgen kann. Hier treten immer nur zwei Gruppen im Wettbewerb gegeneinander an. Die Gruppen werden hier etwas größer, damit die Spieler nach ihren Aktionen eine kleine Regenerationspause haben. Zwischen zwei Sprints soll eine Erholung von 30–45 Sekunden liegen. Um schneller zu werden, muss man die Sprints immer in maximaler Geschwindigkeit ausführen. Zur Verbesserung der Beidfüßigkeit werden Technik- und Schnelligkeitsübung jeweils in zwei Durchgängen, mit Wechsel der Spielrichtung, absolviert.

Die Technik- und Schnelligkeitsübung einer Trainingseinheit befinden sich nebeneinander auf einer Buchseite. Bei den Technikübungen dominiert das Direktspiel, also das sogenannte **One-Touch**. Alle Technikübungen akzentuieren den gruppentaktischen Aspekt des Spiels über den Dritten, also dem direkten Pass zu einem Mitspieler, von dem der Ball nicht kam. Dieses Kombinationsspiel ist schwer für den Gegner zu verteidigen, da dieser den Hauptfokus immer auf Passgeber und Passempfänger hat. Das Spiel über den Dritten bildet daher die Basis für eine sichere Ballzirkulation.

Der Schwerpunkt der Schnelligkeitsübungen liegt auf der Antrittsschnelligkeit. Das Fußballspiel ist von Sprints über kurze Distanzen durchzogen. Spieler, die schneller beschleunigen können, sind vor dem Gegner am Ball. Mit schnellen Spielern kann man kompakter verteidigen (höher stehen), weil man Pässe im Rücken der Abwehr abläuft. Bei schnellen Offensivspielern kann man häufiger Pässe in die Schnittstelle der gegnerischen Abwehr spielen. Alle Schnelligkeitsübungen sind mit einem Kurzpassspiel kombiniert. Man lernt Technik unter Zeitdruck anzuwenden. Zusätzlich erhöht dies die Effizienz der Trainingszeit, was der Passsicherheit zugute kommt.

Für das Fußballtraining sollte man sich 2–3 Handzähler anschaffen. Das sind kleine Geräte, die per Tastendruck zählen. Immer einen Zähler je Gruppe aushändigen. Als Trainer kann man dann ohne Ablenkung coachen, aber auch die Trainingsgruppe in Ruhe beobachten. Das Gerät immer einem anderen Spieler geben. Durch die Handzähler verfügt man auch über ein genaues Endergebnis.

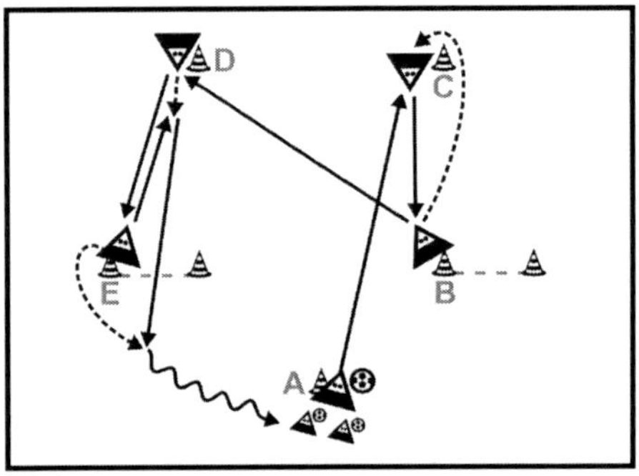

Organisation & Ablauf

Ein Quadrat (10 × 10 Meter) aufbauen. Positionen E und B sind ein Hütchentor (Breite: 3 Meter). 5 Meter zentral hinter der Grundlinie Starthütchen A stellen.

Je ein Spieler zu den Positionen B bis E. Die restlichen Spieler mit Bällen zu A.

Spieler A passt diagonal zu C, C lässt auf B klatschen, B passt direkt zu D und D spielt zu E. E lässt zurück zu D klatschen, umläuft in offener Stellung sein Hütchentor und erhält von D, durch das Hütchentor, einen Pass in die Tiefe. Sobald B zu D gepasst hat, umläuft er das Hütchen C und erhält sofort vom nächsten Spieler A einen Pass.

Die Spieler wechseln entgegen dem Uhrzeigersinn eine Position weiter. A zu B, B zu C, C zu D, D zu E und E dribbelt zum Starthütchen.

Spieleranzahl: 6–9 Spieler.

Wettbewerb: Welche Gruppe spielt in 4 Minuten häufiger durch das Hütchentor?

Variation: Für einen zweiten Durchgang die Spielrichtung wechseln. A passt zu D, D zu E, E zu C und C zu B. Es wird nun im Uhrzeigersinn gewechselt.

Tipp: E steht in offener Stellung zu D. Spieler D darf auch zwei Ballkontakte haben, damit E präzise angespielt wird.

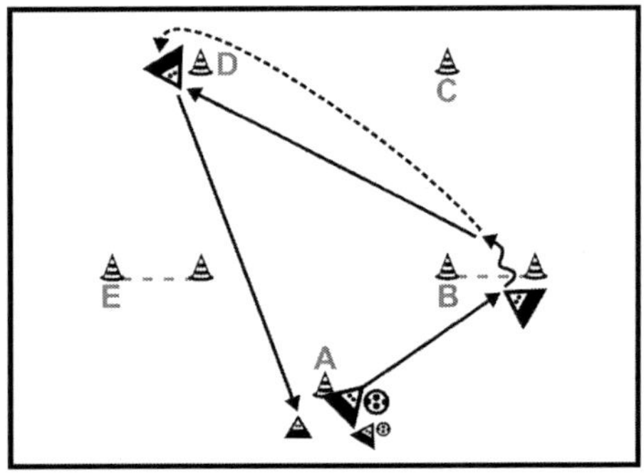

Organisation & Ablauf

Ein Quadrat (10 × 10 Meter) aufbauen. Positionen E und B sind ein Hütchentor (Breite: 3 Meter). 5 Meter zentral hinter der Grundlinie Starthütchen A stellen.

Einen Spieler in offener Stellung hinter das Hütchentor B stellen und einen Spieler auf Position D. Die restlichen Spieler zum Starthütchen A. Die ersten beiden Spieler A haben einen Ball.

Spieler A passt zu B, B absolviert mit dem hinteren Fuß eine Ballan- und -mitnahme durch das Hütchentor, passt dann mit demselben Fuß diagonal zu D und umläuft das Hütchen D. Spieler D passt zum ersten Spieler A ohne Ball.

Spieler A wechselt direkt zu B und erhält vom zweiten Spieler A möglichst schnell den nächsten Ball zugespielt. Es befinden sich immer zwei Bälle im Parcours. Alle Spieler folgen ihren Pässen.

Wettbewerb: Welches Team umläuft in 4 Minuten häufiger das Hütchen D?

Variation: Für einen zweiten Durchgang die Spielrichtung wechseln. Dazu werden nun je ein Spieler zu den Positionen E und C gestellt und A passt nun zu E, E zu C und C zu A.

Tipp: Deutlich in die Bewegung von Spieler D passen, so dass er mit dem äußeren Fuß zu A passen kann.

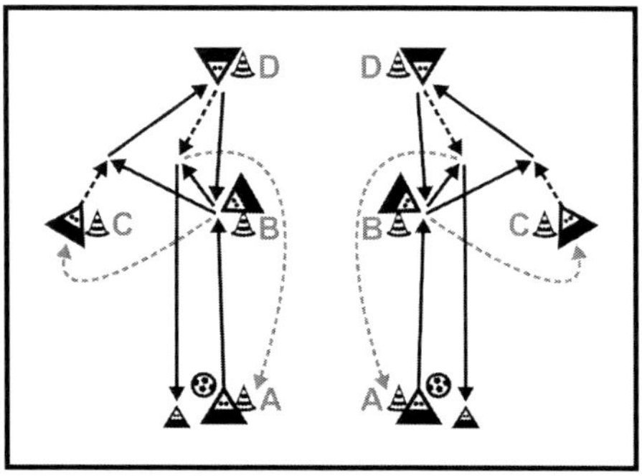

Organisation & Ablauf

Drei Hütchen im Abstand von 8 Metern in eine Reihe stellen. 6 Meter neben dem zentralen Hütchen ein viertes Hütchen C stellen.

Die Positionen B bis D einfach besetzen. 2–4 Spieler mit einem Ball zum Starthütchen A.

Spieler A passt in den äußeren Fuß von B, B spielt direkt nach außen zu C, C passt direkt zu D, D spielt Doppelpass mit B (äußerer Fuß) und D passt zum zweiten Spieler von A.

Alle Spieler wechseln nach ihren Pässen eine Position weiter. Spieler B spielt als Einziger zwei Pässe und wechselt erst nach C, wenn D zu A gepasst hat. Für den Wechsel zu C umläuft er das Hütchen C. D wechselt zu A, indem er außen um das Hütchen B läuft.

Spieleranzahl: 5–7 Spieler.

Wettbewerb: Welches Team schafft in 4 Minuten mehr Pässe von D nach A?

Variation: Für einen zweiten Durchgang zu einem spiegelverkehrt aufgebauten Parcours wechseln.

Tipp: Spieler C erwartet in einer offenen Stellung den Pass und er wird immer leicht in den Lauf angespielt. Spieler B befindet sich immer in offener Stellung.

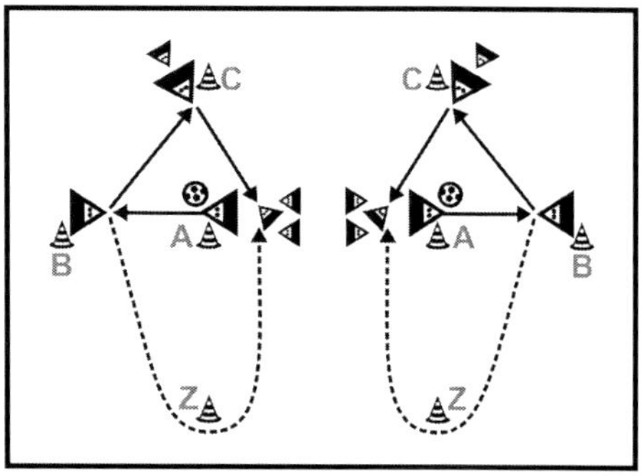

Organisation & Ablauf

Drei Hütchen im Abstand von 8 Metern in eine Reihe stellen. 6 Meter neben dem zentralen Hütchen ein viertes Hütchen B stellen.

Ein Spieler zu B und zwei zu C. Die restlichen Spieler mit einem Ball zu A.

Spieler A passt zu B, B direkt zu C und C direkt zum zweiten Spieler A. Der zweite Spieler A stoppt den Ball an und wartet. Nachdem B zu C gepasst hat, umsprintet er Hütchen Z und klatscht den zweiten Spieler A ab. Sobald dieser abgeklatscht wurde, startet der nächste Durchgang.

A wechselt mit seinem Pass nach B und C nach A. B wechselt zu C, nachdem er Spieler A abgeklatscht hat.

Wettbewerb: Welches Team klatscht sich in 4 Minuten häufiger ab?

Variation: Für einen zweiten Durchgang stellen sich zwei Spieler zu Z, anstatt zu C. Jetzt wird von B nach Z gepasst und B sprintet um das Hütchen C.

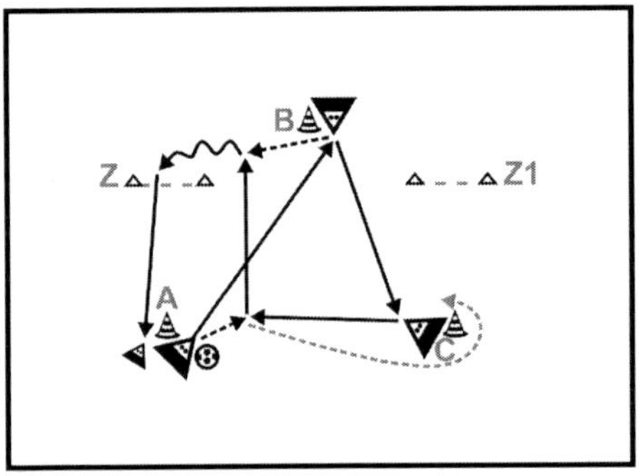

Organisation & Ablauf

Ein Dreieck (12 × 10 Meter) aufbauen. Links und rechts von B je ein Zähltor aufbauen (3 Meter tiefer als B).

2–3 Spieler zu A (letzter Spieler ohne Ball). Position B und C einfach besetzen.

Spieler A passt zu B, B direkt zu C, C direkt zu A und A wieder zu B. B absolviert eine Ballan- und -mitnahme und passt durch das Zähltor Z zum letzten Spieler A.

Nach ihren Aktionen wechseln die Spieler entgegen dem Uhrzeigersinn eine Position weiter (A nach C, C nach B, B nach A). A muss dazu Hütchen C komplett umlaufen.

Spieleranzahl: 4–7 Spieler. Ab 6 Spieler die Positionen B und C doppelt besetzen.

Wettbewerb: Welcher Gruppe gelingt in 4 Minuten mehr Pässe durch das Zähltor?

Variation: Für einen zweiten Durchgang die Spielrichtung wechseln. Startposition ist C, es wird durch das Zähltor Z1 gepasst und es wird im Uhrzeigersinn gewechselt.

Tipp: Bei der Ballan- und -mitnahme möglichst mit dem zweiten Ballkontakt passen.

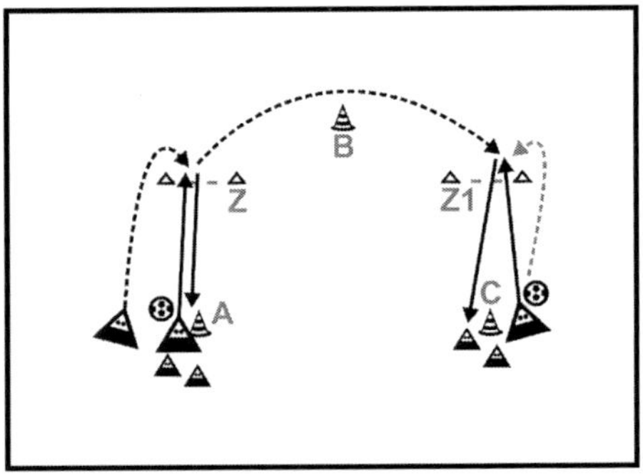

Organisation & Ablauf

Ein Dreieck (12 × 10 Meter) aufbauen. Links und rechts von B je ein Hütchentor aufbauen (3 Meter tiefer als B).

Die Spieler teilen sich in zwei Gruppen hinter den beiden Startpositionen A und C auf. Der jeweils erste Spieler hat einen Ball.

Der zweite Spieler A sprintet hinters Hütchentor Z, erhält einen Pass, den er klatschen lässt. Er sprintet hinters Hütchentor Z1 und erhält einen Pass, den er zum zweiten Spieler C klatschen lässt. Mit dem Pass zu dem sprintenden Spieler sprintet Passgeber C hinters Hütchentor Z1, erhält einen Pass, den er klatschen lässt, sprintet hinters Hütchentor Z und erhält einen Pass, den er zum zweiten Spieler A klatschen lässt. Passgeber A sprintet hinters Hütchentor C usw.

Wettbewerb: Welche Gruppe sprintet am häufigsten an B vorbei? Alternativ zu B ein weiteres Hütchen stellen, damit durch ein Hütchentor gelaufen wird.

Tipp: Nur mit dem äußeren Fuß passen. A mit links und C mit rechts. Von den Startpositionen außen laufen, um hinters Hütchentor zu kommen.

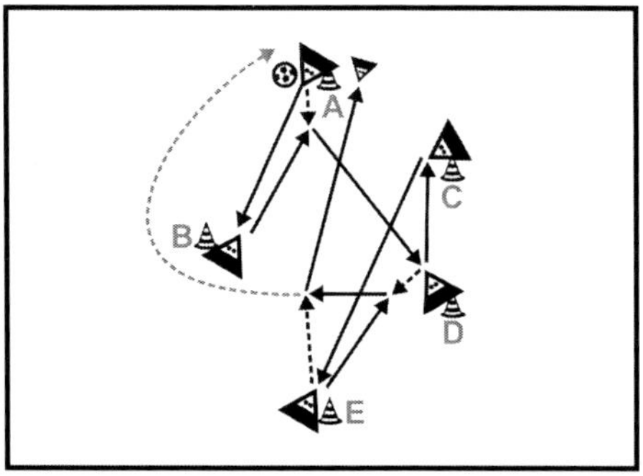

Organisation & Ablauf

Zwei Positionen A und E gegenüber (Abstand: 15 Meter) stellen. Zentral dazwischen stehen auf einer Seite Hütchen B und 8 Meter davon entfernt die beiden Positionen C und D (Abstand: 6 Meter).

2–4 Spieler mit einem Ball zum Starthütchen A und je ein Spieler zu den Positionen B, C, D und E.

Spieler A passt zu B, B lässt zurückklatschen, A passt zu D, D lässt auf C klatschen, C passt zu E, E spielt Doppelpass mit D und passt zum zweiten Spieler A.

Alle Spieler wechseln eine Position weiter. E umläuft den Parcours außen, um zu A zu wechseln.

Spieleranzahl: 5–8 Spieler. Bei 5 Spielern dribbelt E nach dem Doppelpass um das Hütchen A. Dann nächste Aktion.

Wettbewerb: Welches Team passt in 4 Minuten häufiger zur Startposition A zurück?

Variation: Für einen zweiten Durchgang zu einem spiegelverkehrt aufgebauten Parcours wechseln.

Tipp: Auftaktbewegung der Passempfänger. Die Passgeber spielen jeweils in den hinteren Fuß der Passempfänger. Der Pass zurück zu A mit dem äußeren Fuß spielen. Alle Pässe möglichst direkt spielen.

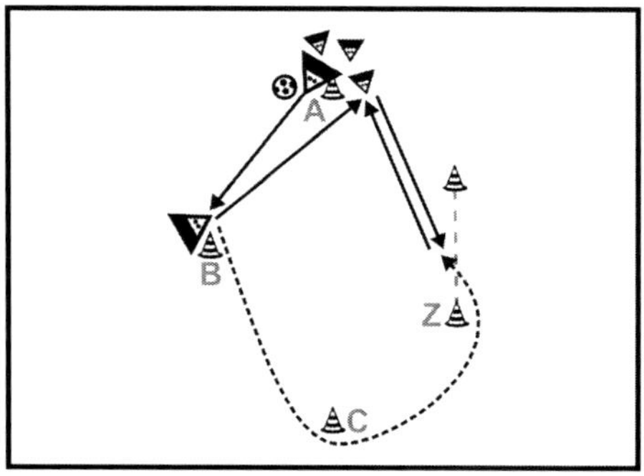

Organisation & Ablauf

Zwei Positionen A und E gegenüber (Abstand: 15 Meter) stellen. Zentral dazwischen stehen auf einer Seite Hütchen B und 8 Meter davon entfernt die beiden Positionen C und D (Abstand: 6 Meter).

Ein Spieler zum Hütchen B und die restlichen Spieler mit einem Ball zum Starthütchen A.

Spieler A passt zu B, B lässt direkt auf den zweiten Spieler A klatschen und dieser stoppt den Ball zunächst an. Direkt nach dem Rückpass sprintet B um das Hütchen C und durch das Hütchentor Z. Dort erhält er den Ball vom zweiten Spieler A zurück und lässt erneut auf ihn zurückklatschen. Dieser leitet den Ball direkt zu B weiter und so weiter.

A wechselt nach dem Pass zu B auf Position B und B wechselt, nachdem er durch das Hütchentor gesprintet ist und den Pass dort zurückgespielt hat, zu A.

Wettbewerb: Welches Team spielt den Ball in 3 Minuten häufiger zu A?

Variation: Für einen zweiten Durchgang zu einem spiegelverkehrt aufgebauten Parcours wechseln.

Tipp: Keinen Punkt zählen, wenn der Spieler nicht komplett um das Hütchen C läuft.

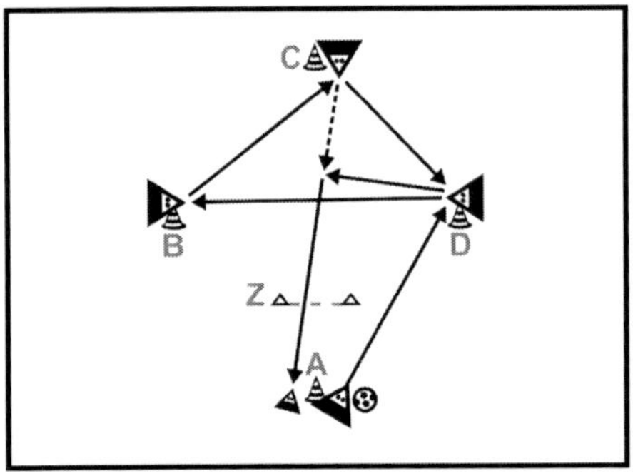

Organisation & Ablauf

Eine Hütchenraute (14 × 10 Meter) aufbauen. Zwei Meter von der Position A ein Zähltor Z stellen.

Zwei Spieler mit einem Ball zum Starthütchen A und je ein Spieler zu den Hütchen B bis D.

Spieler A passt zu D, D spielt direkt zu B, B direkt zu C, C spielt Doppelpass mit D und C passt durch das Zähltor zum zweiten Spieler A.

Die Spieler wechseln im Uhrzeigersinn eine Position weiter.

Spieleranzahl: 4–6 Spieler. Bei 6 Spielern ist die Position A dreifach besetzt. Bei 4 Spielern ohne Doppelpass zwischen Spieler C und D spielen.

Wettbewerb: Welches Team schafft in 4 Minuten mehr Pässe durch das Zähltor?

Variation: Die Spielrichtung wechseln (A passt nach B) und die Spieler wechseln entgegen dem Uhrzeigersinn.

Tipp: Die Spieler befinden sich in offener Stellung und erhalten den Pass präzise in den hinteren Fuß. C bietet sich nach seinem Pass durch das Hütchentor direkt dem nächsten Spieler vom Starthütchen an. Vor dem Positionswechsel spielt also jeder Spieler einen Pass, außer Spieler D. Dieser wechselt erst nach seinem zweiten Pass.

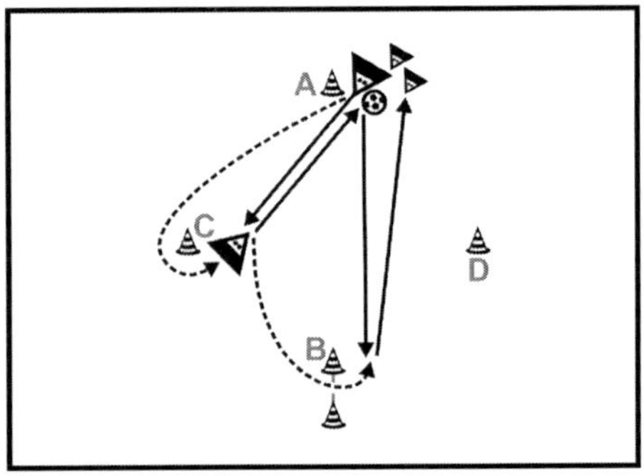

Organisation & Ablauf

Eine Hütchenraute (14 × 10 Meter) aufbauen.

Ein Spieler zu Position C und die restlichen Spieler mit einem Ball zum Starthütchen A.

Spieler A passt zu C und C lässt den Ball zum gleichen Spieler zurückklatschen. C durchsprintet dann direkt das Hütchentor B und erhält erneut einen Pass. Diesen spielt er nun aber zum zweiten Spieler der Position A zurück. Denn Spieler A umsprintet nach seinem zweiten Pass (zu Position B) direkt das Hütchen C und erhält dort vom zweiten Spieler A ein Zuspiel. Dann gleicher Ablauf wie zuvor.

Wettbewerb: Welches Team sprintet in 4 Minuten häufiger durch das Hütchentor B?

Variation: Für einen zweiten Durchgang wechselt die Spielrichtung, indem die Spieler jeweils um das Hütchen D sprinten.

Tipp: Dem sprintenden Spieler immer in den hinteren Fuß passen. Zunächst nur in den rechten Fuß und im zweiten Durchgang nur in den linken Fuß. Bei optimalem Timing können alle Pässe direkt gespielt werden.

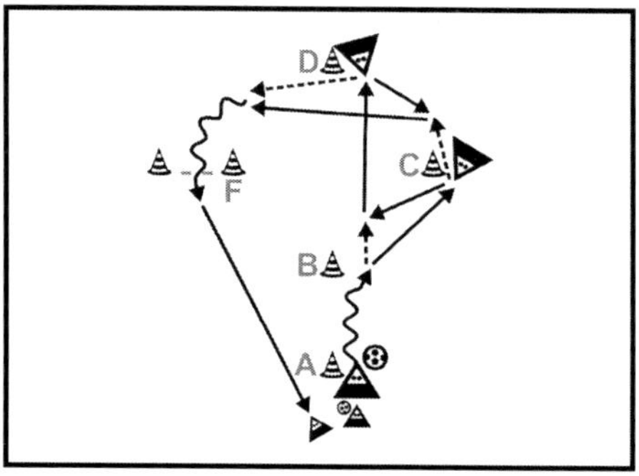

Organisation & Ablauf

Ein Parcours (20 × 10 Meter) aufbauen. Abstand A zu B beträgt 5 Meter und B nach D 15 Meter. Position F erweitert man zu einem Hütchentor.

Die Positionen C und D einfach besetzen. 2–4 Spieler zum Starthütchen A. Die Spieler A haben, bis auf den letzten Spieler, alle einen Ball.

Spieler A dribbelt bis auf Höhe des Hütchen B und passt zu C. C lässt klatschen und A passt in die Tiefe zu D. D lässt auf C klatschen, löst sich nach außen und erhält den Ball von C zurück. D dribbelt durch das Hütchentor F und passt zum letzten Spieler A.

Die Spieler wechseln nach ihren Aktionen eine Position weiter. Sobald sich Spieler A beim Wechsel zu C umdreht, startet der nächste Spieler.

Spieleranzahl: 4–6 Spieler.

Wettbewerb: Welche Gruppe dribbelt in 4 Minuten öfters durch ihr Hütchentor?

Variation: Die Spielrichtung wechseln. Dafür Position C zu einem Hütchentor erweitern.

Tipp: Spieler C und D absolvieren jeweils Auftaktbewegungen. D läuft nach seinem Pass zu C so Richtung Hütchentor, dass er den Pass von C in der Vorwärtsbewegung mitnehmen kann.

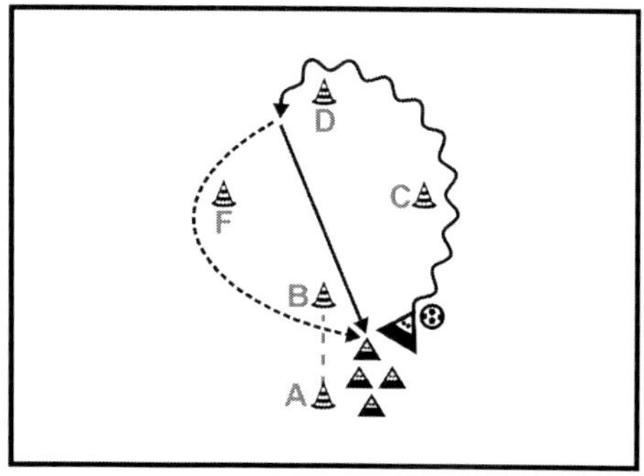

Organisation & Ablauf

Ein Parcours (20 × 10 Meter) aufbauen. Abstand A zu B beträgt 5 Meter und B nach D 15 Meter.

4–10 Spieler zu B. Nur der erste Spieler hat einen Ball.

Auf Trainerkommando dribbelt Spieler B um das Hütchen C und D. Dann passt er mit dem äußeren Fuß leicht diagonal zum zweiten Spieler B. Dieser stoppt den Ball an. Direkt nach seinem Pass sprintet der erste Spieler B außen um das Hütchen F, durch das Hütchentor A/B und klatscht den zweiten Spieler (der den Ball am Fuß hat) ab. Jetzt dribbelt dieser mit der gleichen Aufgabe in den Parcours.

Wettbewerb: Welche Gruppe klatscht mehr Mitspieler in 3 Minuten ab?

Variation: Wechsel der Spielrichtung. Spieler B dribbelt zunächst um das Hütchen F und passt dann mit dem anderen Fuß zurück.

Tipp: Enge Ballführung beim Dribbling. Deutlich um das Hütchen F sprinten. Nur Punkte zählen, wenn mit dem richtigen Fuß gepasst wurde und richtig abgeklatscht wird.

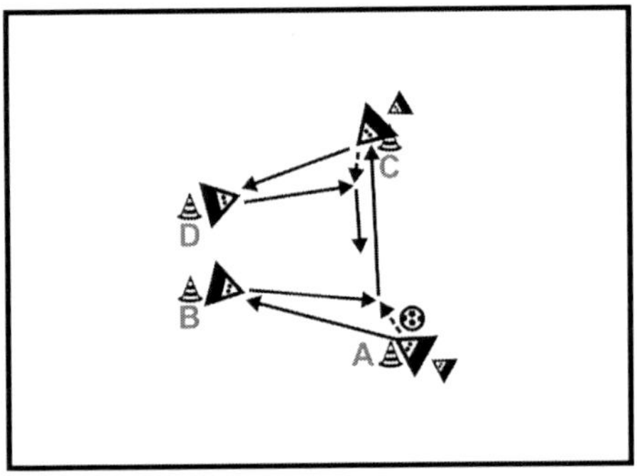

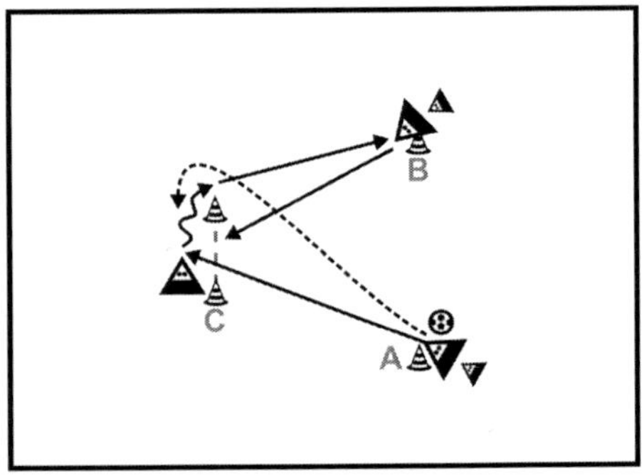

Organisation & Ablauf

Zwei Stationen (A und C) im Abstand von 12 Metern zueinander aufbauen. Dazu 6 Meter seitlich versetzt stehen die Positionen B und D (Abstand: 4 Meter).

Je ein Spieler zu den Positionen B und D und 1–2 Spieler teilen sich an den Stationen A und C auf. Vorderer Spieler A hat einen Ball.

Spieler A passt zu B und dieser lässt zurückklatschen. A absolviert direkt eine Spielverlagerung zu C, C leitet den Ball zu D weiter, D lässt auf C zurückklatschen und C absolviert eine Spielverlagerung zurück zu A.

Spieler A und B sowie C und D tauschen nach jeder Spielverlagerung ihre Positionen. Spieler A (C) umlaufen beim Positionswechsel die seitlichen Hütchen.

Spieleranzahl: 4–6 Spieler.

Wettbewerb: Welche Gruppe schafft in 4 Minuten mehr Spielverlagerungen?

Variation: Für einen zweiten Durchgang wechseln die Spieler die Seiten.

Tipp: Spieler B (D) in den hinteren Fuß passen. Die Spielverlagerungen mit dem äußeren Fuß spielen. Passschärfe anpassen.

Organisation & Ablauf

Zwei Stationen (A und B) im Abstand von 16 Metern zueinander aufbauen. Dazu 6 Meter seitlich versetzt steht ein Hütchentor C (Breite: 4 Meter).

Einen Spieler hinter dem Hütchentor C stellen und die restlichen Spieler teilen sich an den beiden Hütchen A und B auf. Der vordere Spieler A hat einen Ball.

Auf Trainersignal passt A durch das Hütchentor zu C und C nimmt den Ball an und mit und passt zu B. Mit dem Pass zu C sprintet A um das hintere Hütchen des Hütchentors und erhält von B einen Pass durchs Hütchentor. Er nimmt den Ball an und mit und passt zum nächsten Spieler A.

Spieler C wechselt jeweils auf die Position, von der er den Pass erhalten hat.

Wettbewerb: Welche Gruppe schafft in 4 Minuten mehr Pässe durch das Hütchentor C?

Variation: Für einen zweiten Durchgang die Zeit auf 3 Minuten verkürzen (höheres Tempo).

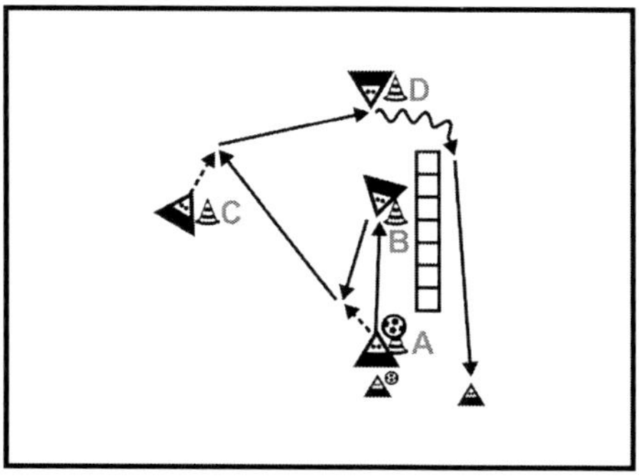

Organisation & Ablauf

Drei Hütchen im Abstand von 8 Metern in eine Reihe stellen. 8 Meter neben dem zentralen Hütchen ein viertes Hütchen C stellen. Eine Koordinationsleiter neben den Parcours legen.

Die Positionen B bis D einfach besetzen. 3–5 Spieler mit Bällen zum Starthütchen A. Der letzte Spieler A steht ohne Ball weiter seitlich neben der Position A.

Spieler B absolviert eine Auftaktbewegung. A passt zu B, B lässt zurückklatschen, A spielt in die Tiefe zu C und C leitet den Ball direkt zu D weiter. D nimmt den Pass zur Seite mit und passt zum letzten Spieler A und absolviert dann eine Aufgabe an der Koordinationsleiter.

Alle Spieler folgen ihren Pässen (A nach B, B nach C und C nach D).

Spieleranzahl: 6–8 Spieler.

Wettbewerb: Welches Team passt in 4 Minuten häufiger zu A zurück?

Variation: Für einen zweiten Durchgang zu einem spiegelverkehrt aufgebauten Parcours wechseln. Ohne Koordinationsleiter den Parcours absolvieren.

Tipp: Spieler C startet erst mit dem Pass in die Tiefe. B lässt den Ball immer leicht in den Raum Richtung Spielfortsetzung (C) klatschen.

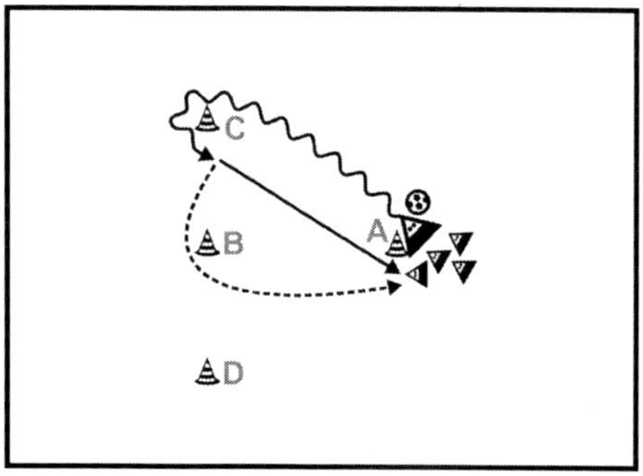

Organisation & Ablauf

Drei Hütchen im Abstand von 8 Metern in eine Reihe stellen. 8 Meter neben dem zentralen Hütchen ein viertes Hütchen A stellen.

Alle Spieler mit einem Ball zu A.

Spieler A dribbelt um das Hütchen C und passt zum zweiten Spieler A. Nach dem Pass umsprintet er das zentrale Hütchen B und klatscht den zweiten Spieler A ab. Mit dem Abklatschen startet dieser mit der gleichen Aufgabe in den Parcours.

Wettbewerb: Welches Team klatscht sich in 4 Minuten am häufigsten ab? Es darf nur mit dem rechten Fuß gepasst werden.

Variation: Für einen zweiten Durchgang wird um das Hütchen D gesprintet und mit dem linken Fuß gepasst.

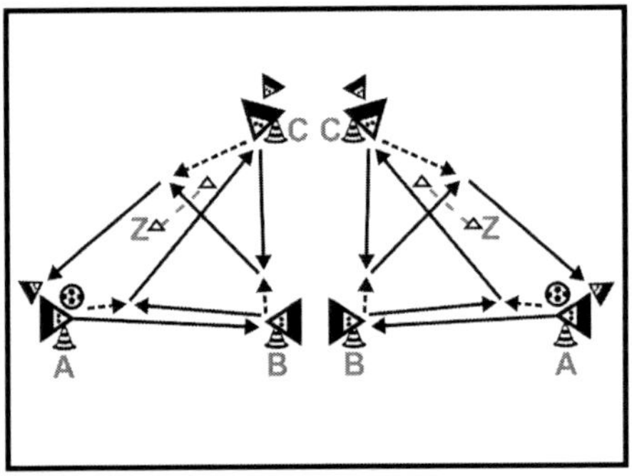

Organisation & Ablauf

Ein Dreieck (Seitenlänge 12 Meter) aufbauen. 5 Meter nahe Hütchen C ein Hütchentor Z (Breite: 3 Meter) markieren.

Ein Spieler zu B, zwei Spieler zu C und 2–6 Spieler zu A. Bei A haben alle, bis auf den Letzten, einen Ball.

Spieler A passt zu B, B spielt zurück, A passt zu C und C lässt auf B klatschen. C läuft hinters Hütchentor Z und erhält durch das Hütchentor den Ball von B. Diesen spielt C direkt zum letzten Spieler A weiter. Nach Möglichkeit alles im Direktspiel.

Nach seinem Pass zu C umsprintet A das Hütchen B und es startet der nächste Durchgang. B wechselt zu C und C nach A.

Spieleranzahl: 5–9 Spieler.

Wettbewerb: Welche Gruppe schafft in 4 Minuten mehr direkt gespielte Pässe durch das Hütchentor Z?

Variation: Für einen zweiten Durchgang zum spiegelverkehrt aufgebauten Parcours wechseln.

Tipp: C soll nicht zu früh hinters Hütchentor starten, damit er den Ball in den Lauf bekommt. Ballan- und -mitnahme und Pass von C nur mit dem hinteren Fuß.

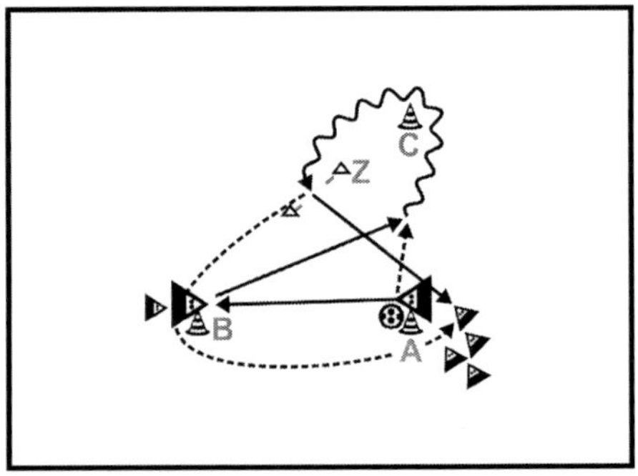

Organisation & Ablauf

Ein Dreieck (Seitenlänge 12 Meter) aufbauen. 5 Meter nahe Hütchen C ein Hütchentor Z (Breite: 3 Meter) markieren.

Zwei Spieler zu B und die restlichen Spieler mit einem Ball zu A.

Spieler A spielt Doppelpass mit B, A dribbelt um das Hütchen C und passt durch das Hütchentor Z (mit dem hinteren Fuß) zum nächsten Spieler A. Dieser stoppt den Ball an und wartet. Nach diesem Pass umsprintet A das Hütchen B und klatscht den Passempfänger ab. Daraufhin startet dieser mit der gleichen Aufgabe in den Parcours.

A wechselt nach B und B nach A.

Wettbewerb: Welche Gruppe klatscht sich in 4 Minuten am häufigsten ab?

Variation: Für einen zweiten Durchgang zum spiegelverkehrt aufgebauten Parcours wechseln. Pässe durch das Hütchentor nun mit dem anderen Fuß.

Tipp: Spieler A passt durch das Hütchentor immer mit dem hinteren Fuß. Zum Passen nicht den Ball umlaufen oder mit Außenrist spielen.

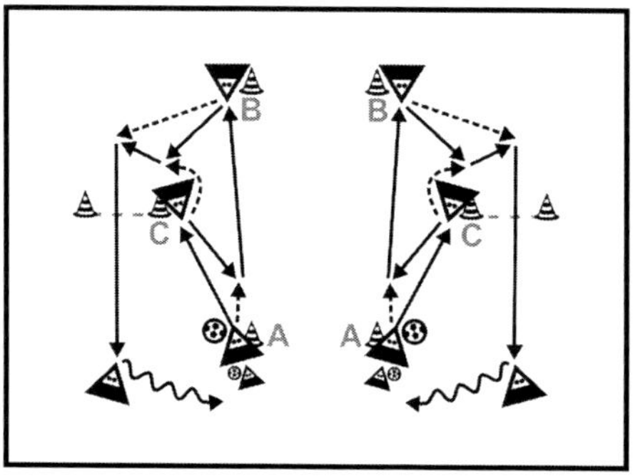

Organisation & Ablauf

Im Abstand von 15 Metern die zwei Positionen A und B aufbauen. 5 Meter seitlich versetzt (zentrale Position) ein Hütchentor C (Breite: 3 Meter) stellen.

Je ein Spieler ohne Ball auf die Positionen B, C und hinterm Hütchentor. 2–5 Spieler mit Bällen zum Starthütchen A.

Spieler A passt zu C, C lässt klatschen und A spielt in die Tiefe zu B. Nachdem C den Ball klatschen gelassen hat, dreht er sich zu B und spielt mit ihm so Doppelpass, dass dieser den Ball direkt zum Spieler hinterm Hütchentor passen kann. Dieser dribbelt zum Starthütchen A.

A wechselt nach B, B nach C und C hinters Hütchentor. Sobald B zu C gewechselt ist, startet der nächste Durchgang.

Spieleranzahl: 5–8 Spieler.

Wettbewerb: Welche Gruppe passt in 4 Minuten häufiger durch das Hütchentor?

Variation: Im zweiten Durchgang zum spiegelverkehrten Parcours wechseln.

Tipp: Jeweils in den hinteren Fuß passen und B soll mit dem äußeren Fuß durchs Hütchentor passen. Auftaktbewegung und immer in die Bewegung rein spielen.

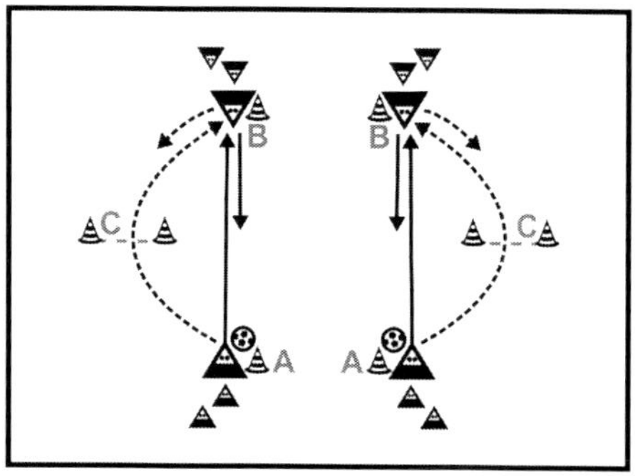

Organisation & Ablauf

Im Abstand von 15 Metern die zwei Positionen A und B aufbauen. 5 Meter seitlich versetzt (zentrale Position) ein Hütchentor C (Breite: 3 Meter) stellen.

Die Spieler an den Positionen A und B aufteilen. Der erste Spieler A hat einen Ball.

Spieler A passt zu B, sprintet durch das Hütchentor und schlägt Passempfänger B ab. Sobald B abgeschlagen wurde, passt er zu A, sprintet durch das Hütchentor und klatscht Passempfänger A ab. Immer so weiter. Nur mit rechts passen.

Wettbewerb: Welche Gruppe sprintet in 4 Minuten am häufigsten durch das Hütchentor?

Variation: Beim zweiten Durchgang darf nur mit links gepasst werden.

Tipp: Die Spieler müssen deutlich durchs Hütchentor sprinten.

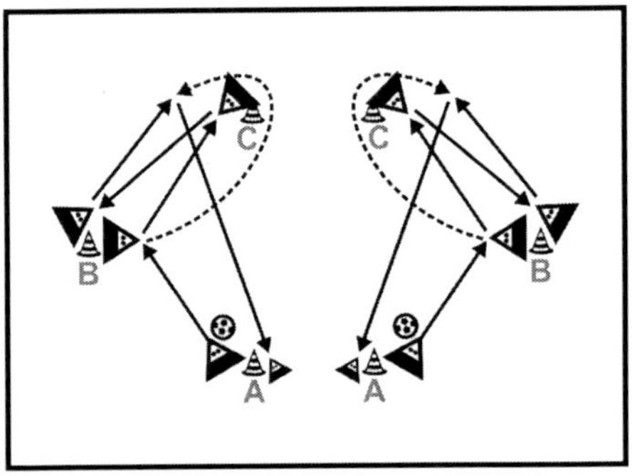

Organisation & Ablauf

Ein Dreieck (14 × 8 Meter) markieren.

Ein Spieler zu C, zwei zu B und 2–4 Spieler mit einem Ball zum Starthütchen A.

Spieler A passt zu B, B leitet den Ball direkt zu C weiter und hinterläuft C. C passt direkt zum zweiten Spieler B und dieser passt möglichst direkt zu dem hinterlaufenden Spieler B. B leitet das Zuspiel zum Starthütchen zurück.

A wechselt zu B („hintere Position"), der hinterlaufende B zu C und C zu A. Der „hintere" Spieler B wird vorderer Spieler B und erhält das nächste Zuspiel von A.

Spieleranzahl: 5–7 Spieler.

Wettbewerb: Welche Gruppe spielt in 4 Minuten häufiger zu A zurück?

Variation: Für einen zweiten Durchgang zum spiegelverkehrt aufgebauten Parcours wechseln.

Tipp: Vorderer Spieler B befindet sich in offener Stellung und hinterläuft C mit Tempo in einem möglichst kleinen Bogen. B wird von A in den hinteren Fuß angespielt und der hinterlaufende B passt ebenfalls mit dem hinteren Fuß zur Startposition zurück.

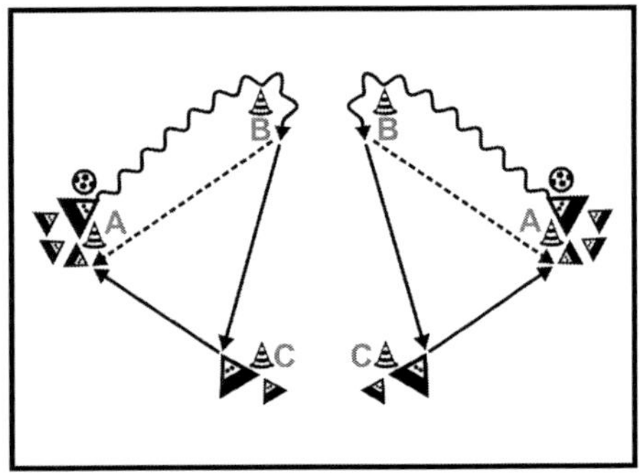

Organisation & Ablauf

Ein Dreieck (14 × 8 Meter) markieren.

Zwei Spieler zu C und die restlichen Spieler mit einem Ball zu A.

Auf Startsignal des Trainers dribbelt A um das Hütchen B und passt mit dem äußeren Fuß zu C. C leitet den Ball direkt zum zweiten Spieler A weiter. Dieser stoppt den Ball an. A sprintet nach seinem Pass zu C direkt zum zweiten Spieler A und klatscht ihn ab. Sobald dieser abgeklatscht wurde, startet er mit der gleichen Aufgabe in den Parcours.

Nach dem Sprint Richtung A stellt sich A bei C an. C folgt seinem Pass zu A.

Wettbewerb: Welche Gruppe klatscht sich in 4 Minuten häufiger ab?

Variation: Für einen zweiten Durchgang zwei Spieler zu B stellen und A dribbelt um Hütchen C.

Tipp: C befindet sich in offener Stellung und passt mit seinem hinteren Fuß zu A. Spieler C leicht Richtung A anspielen, so dass der Ball schneller bei der Startposition ist.

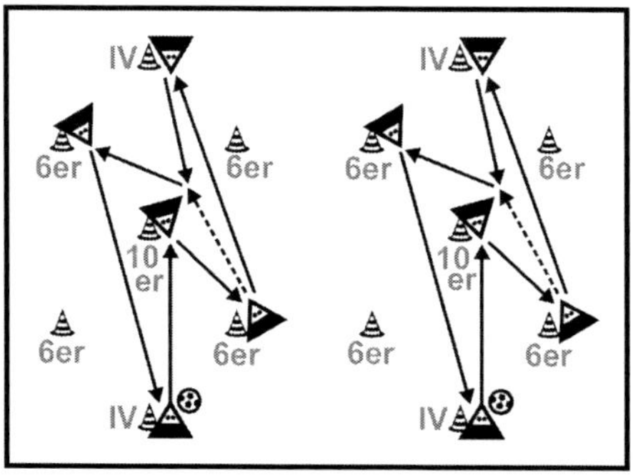

Organisation & Ablauf

Ein Rechteck (10 × 8 Meter) mit zentralem Hütchen (10er) aufbauen. 7 Meter hinter den beiden Stirnseiten eine IV-Position markieren.

Die IV-Positionen, die 10er-Position und zwei der vier 6er-Positionen (diagonal gegenüber) einfach besetzen. Ein Spieler IV hat einen Ball.

IV passt zum 10er, 10er lässt auf den 6er klatschen und der 6er passt zur gegenüberliegenden IV-Position. Er läuft seinem Pass nach, erhält von IV ein Zuspiel, dieses lässt er auf den anderen 6er klatschen und dieser passt zur Ausgangsposition zurück.

IV wechselt zu einer der beiden 6er-Positionen vor ihm. Der 6er wechselt zum 10er und der 10er wechselt immer auf die IV-Position, von der aus er angespielt wurde.

Spieleranzahl: 5–7 Spieler. Bei 6–7 Spielern die Positionen IV doppelt besetzen.

Wettbewerb: Welches Team spielt häufiger zur Ausgangsposition zurück?

Tipp: Möglichst jeden Pass direkt spielen. Zur Aufrechterhaltung einer guten Passstafette auch mehr Kontakte.

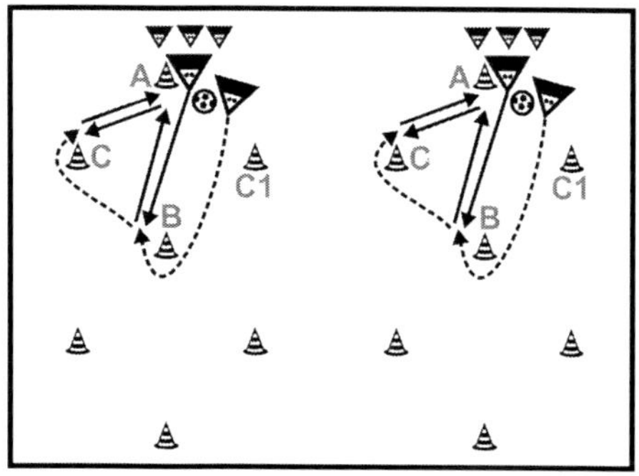

Organisation & Ablauf

Die ersten vier Positionen des nebenstehenden Aufbaus verwenden.

Alle Spieler zu A. Der zweite Spieler A hat einen Ball.

Auf Trainersignal sprintet der erste Spieler links um das Hütchen B, erhält einen Pass in den linken Fuß und lässt ihn zum gleichen Spieler zurückklatschen. Er sprintet direkt weiter um das Hütchen C, erhält vom gleichen Spieler erneut einen Pass in den linken Fuß und lässt den Ball zum dritten Spieler A zurückklatschen. Der zweite Spieler A sprintet mit seinem zweiten Pass um das Hütchen B und dann gleicher Ablauf wie zuvor.

Nachdem der sprintende Spieler das zweite Mal den Ball klatschen gelassen hat, stellt er sich bei A an.

Wettbewerb: Welche Gruppe passt in 4 Minuten häufiger von C zurück nach A?

Variation: Für den zweiten Durchgang die Spielrichtung wechseln. Hütchen B wird nun rechts herum umsprintet und es geht dann weiter zu C1. Die Pässe zu A erfolgen nun jeweils mit rechts.

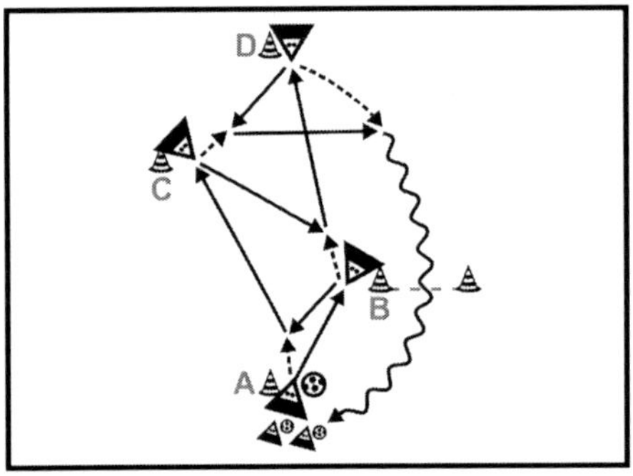

Organisation & Ablauf

Zwei Positionen A und D (Abstand: 20 Meter) aufbauen. Seitlich jeweils 5 und 6 Meter von A und D entfernt stehen die Positionen B und C.

Die Positionen B bis D einfach besetzen und die restlichen Spieler mit je einem Ball zu A.

Spieler A passt zu B, B lässt klatschen, A passt zu C, C lässt auf B klatschen, B passt zu D und D spielt Doppelpass mit C.

Spieler A wechselt nach B, B nach C, C nach D und D dribbelt durch das Hütchentor zu A.

Spieleranzahl: 5–9 Spieler.

Wettbewerb: Welche Gruppe dribbelt in 4 Minuten häufiger durchs Hütchentor?

Variation: Für den zweiten Durchgang zum spiegelverkehrt aufgebauten Parcours wechseln. Einen Spieler ohne Ball hinters Hütchentor stellen und Spieler D passt nach dem Doppelpass zu diesem.

Tipp: Nachdem D den Doppelpass von C erhalten hat, startet die nächste Aktion mit dem Pass von A nach B. Die Positionen mit Blick zum neuen Ball wechseln.

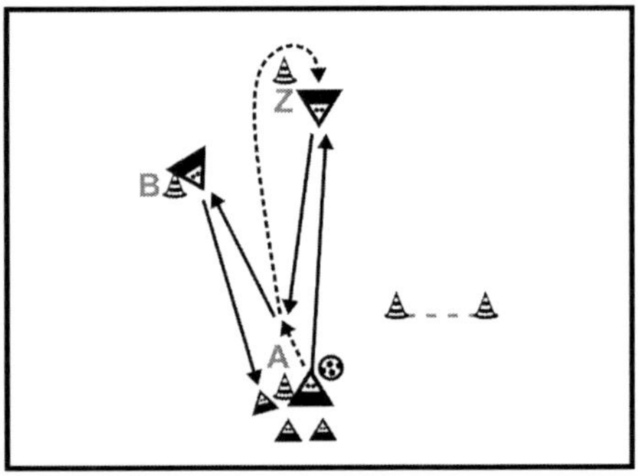

Organisation & Ablauf

Nebenstehenden Parcours weiter nutzen.

Ein Spieler zu B und ein Spieler zunächst ans Wendehütchen Z stellen. Die restlichen Spieler mit einem Ball zu A.

Spieler A passt zu Z, Z lässt zurückklatschen, A passt zu B und sprintet um das Wendehütchen Z. B passt zum nächsten Spieler A. Nachdem A um das Wendehütchen gesprintet ist, startet mit einem Pass von A zu ihm der nächste Durchgang.

Sprintender Spieler A wechselt nach B und B nach A.

Wettbewerb: Welche Gruppe umsprintet in 4 Minuten häufiger das Wendehütchen Z?

Variation: Für den zweiten Durchgang zum spiegelverkehrt aufgebauten Parcours wechseln.

Tipp: Das Wendehütchen immer von der Seite des Hütchens B umsprinten. Spieler A sprintet immer mit seinem zweiten Pass los. Immer in den hinteren Fuß des Passempfängers spielen.

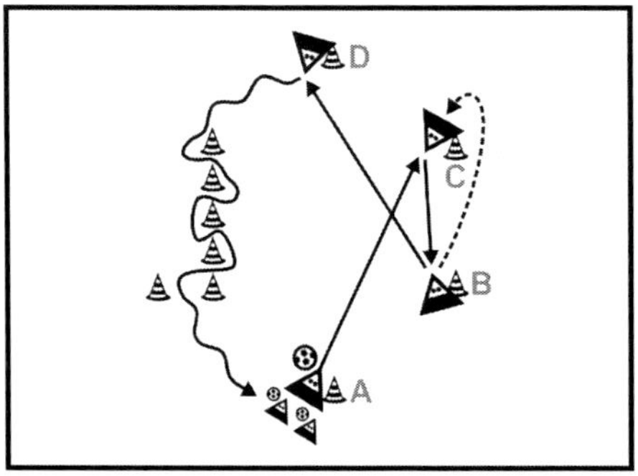

Organisation & Ablauf

Zwei Positionen A und D (Abstand: 16 Meter) aufbauen. Zentral dazwischen stehen 5 Meter seitlich die Positionen B und C (Abstand: 5 Meter) und auf der gegenüberliegenden Seite eine Hütchenreihe mit einem kleinen Hütchentor.

Die Positionen B bis D einfach besetzen. 2–6 Spieler mit je einem Ball zu A.

Spieler A passt zu C, C lässt auf B klatschen, B passt zu D und D absolviert ein Slalomdribbling durch die Hütchenreihe.

Die Spieler wechseln entgegen dem Uhrzeigersinn eine Position weiter. D wechselt nach seinem Slalomdribbling zu A und B muss beim Wechsel zu C um das Hütchen C laufen.

Spieleranzahl: 6–9 Spieler.

Wettbewerb: Welche Gruppe durchdribbelt innerhalb von 4 Minuten häufiger das kleine Hütchentor?

Variation: Für den zweiten Durchgang zum spiegelverkehrt aufgebauten Parcours wechseln.

Tipp: Alle wechseln nach ihrem Pass sofort eine Position weiter. C in den inneren Fuß passen und er lässt leicht innen in den Raum zu B klatschen. D wird Richtung Hütchenreihe angespielt. Das Slalomdribbling beidfüßig absolvieren.

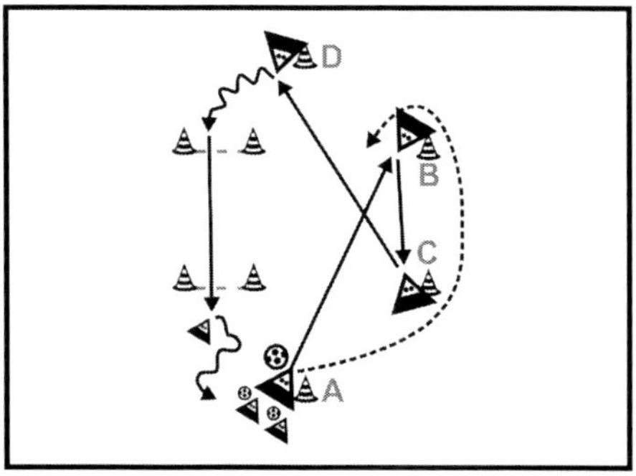

Organisation & Ablauf

Den nebenstehenden Parcours nutzen, aber die Hütchenreihe durch zwei Hütchentore (Breite: 1–2 Meter) ersetzen.

Die Positionen B bis D einfach besetzen. Einen freien Spieler hinter die beiden Hütchentore und die restlichen Spieler mit je einem Ball zur Startposition A.

Spieler A passt zu B, B lässt auf C klatschen, C passt zu D und D absolviert eine Ballan- und -mitnahme Richtung Hütchentore. Er passt durch diese zum freien Spieler dahinter.

Alle Spieler folgen ihren Pässen. Der freie Spieler dribbelt zu A. Spieler A sprintet außen um die beiden Hütchen C und B und sobald er B umlaufen hat, erfolgt der nächste Durchgang.

Wettbewerb: Welche Gruppe passt in 4 Minuten häufiger durch beide Hütchentore?

Variation: Für den zweiten Durchgang zum spiegelverkehrt aufgebauten Parcours wechseln.

Tipp: Spieler A muss nach seinem Pass sofort lossprinten. Die Spieler müssen zügig ihre Positionen wechseln, damit sie nicht die Aktionen der anderen Spieler stören.

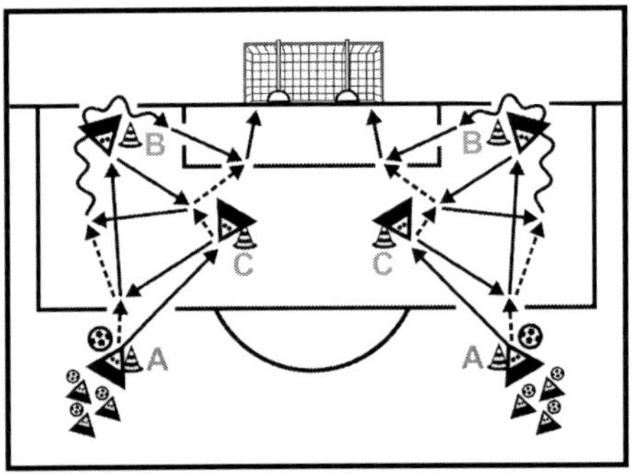

Organisation & Ablauf

Zwei Hütchen (A und B) im Abstand von 15 Metern aufbauen. Zentral davon (5 Meter seitlich versetzt) die Position C stellen. Mit zwei Stangen zwei Torecken (Breite: 1 Meter) markieren. Hütchen C befindet sich auf der Schnittstelle zwischen Strafstoßpunkt und Pfosten.

Die Positionen B und C einfach besetzen. Die restlichen Spieler mit je einem Ball zur Startposition A.

Spieler A passt zu C, C lässt klatschen und A passt zu B. B klatscht dann auf C und C spielt zu A, der Richtung B läuft. A umdribbelt Hütchen B und passt vor das Tor zu C. C schiebt den Ball direkt in die kurze Torecke.

A wechselt nach B, B nach C und C stellt sich mit Ball bei A an. Sobald B gewechselt hat, startet die nächste Aktion.

Spieleranzahl: 5–8 Spieler.

Wettbewerb: Welche Gruppe trifft in 4 Minuten häufiger ins kurze Toreck?

Variation: Für den zweiten Durchgang zum spiegelverkehrt aufgebauten Parcours wechseln. Treffer zählen nur, wenn vor dem Torraum geschossen wird.

Tipp: A läuft erst mit seinem Pass zu B Richtung B. Vor dem Rückpass vor das Tor wird Blickkontakt hergestellt.

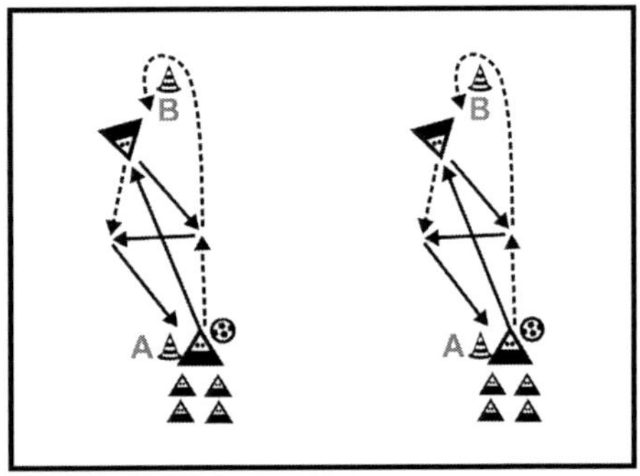

Organisation & Ablauf

Die Positionen A und B von der nebenstehenden Übung übernehmen

Ein Spieler ohne Ball zu B und die restlichen Spieler mit einem Ball zu A. Die Spieler A stehen rechts neben dem Starthütchen.

Spieler A passt zu B, B lässt klatschen, A spielt Doppelpass mit B und umsprintet Hütchen B auf der rechten Seite. B übergibt den Ball zum nächsten Spieler A und stellt sich hinten bei A an und immer so weiter. Spieler A startet immer nach seinem zweiten Pass zum Sprint.

Wettbewerb: Welche Gruppe sprintet in 4 Minuten häufiger um das Hütchen B?

Variation: Für den zweiten Durchgang stehen die Spieler A links neben dem Starthütchen und umsprinten Hütchen B auf der linken Seite.

Tipp: A passt in den äußeren Fuß des sprintenden Spielers. Der sprintende Spieler passt A in den hinteren Fuß, so dass dieser den Doppelpass nicht über das Standbein spielen muss.

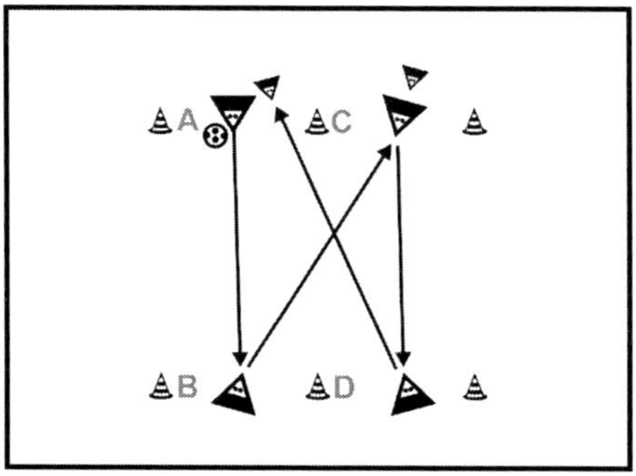

Organisation & Ablauf

Zwei Hütchentore A und C (Breite je: 5 Meter) nebeneinander und 12 Meter gegenüber nochmal zwei Hütchentore B und D aufbauen.

Zwei Spieler jeweils hinter den Hütchentoren A und C und je ein Spieler hinter den Hütchentoren B und D. Der vordere Spieler A hat einen Ball.

Nur Direktspiel: Spieler A passt zu B, B zu C, C zu D und D wieder zurück zu A.

Die Spieler wechseln nach ihrem Pass zum gegenüberliegenden Hütchentor.

Spieleranzahl: 5–10 Spieler. Bei 5 Spielern Position C einfach besetzen. Bei mehr als 6 Spielern hinter die Positionen weitere Spieler stellen.

Wettbewerb: Welche Gruppe spielt in 4 Minuten häufiger zu A zurück?

Variation: Für den zweiten Durchgang wechseln die Spieler A und B zu C und D und umgekehrt.

Tipp: Alle Passempfänger befinden sich in offener Stellung und werden in den hinteren Fuß angespielt. Pässen entgegenkommen. Beim Positionswechsel von außen hinters gegenüberliegende Hütchentor laufen.

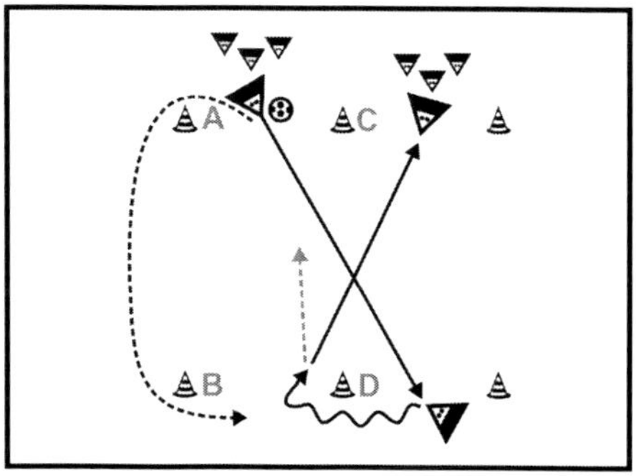

Organisation & Ablauf

Nebenstehenden Parcours weiter nutzen.

Einen Spieler hinters Hütchentor D stellen und die restlichen Spieler teilen sich hinter den beiden Hütchentoren A und C auf. Der vordere Spieler A hat einen Ball.

Spieler A passt diagonal zu D und sprintet um die beiden äußeren Hütchen der Tore A und B. Passempfänger D absolviert eine Ballan- und -mitnahme hinters Hütchentor B und passt diagonal zu C. Sobald A hinterm Hütchentor B gesprintet ist, erhält er einen Pass von C, absolviert eine Ballan- und -mitnahme hinters Hütchentor D und passt diagonal zu A. C sprintet nach seinem Pass um die beiden äußeren Hütchen der Tore C und D.

Die sprintenden Spieler wechseln nach der Ballan- und -mitnahme und dem diagonalen Pass zu den gegenüberliegenden Positionen.

Wettbewerb: Welche Gruppe spielt in 4 Minuten häufiger zu A und C?

Tipp: Es wird immer diagonal gepasst, um die äußeren beiden Hütchen gesprintet und immer zur gegenüberliegenden Position gewechselt. So steht man immer im Wechsel hinter den Hütchentoren A und C. Die Pässe zu A und C immer mit dem äußeren Fuß spielen.

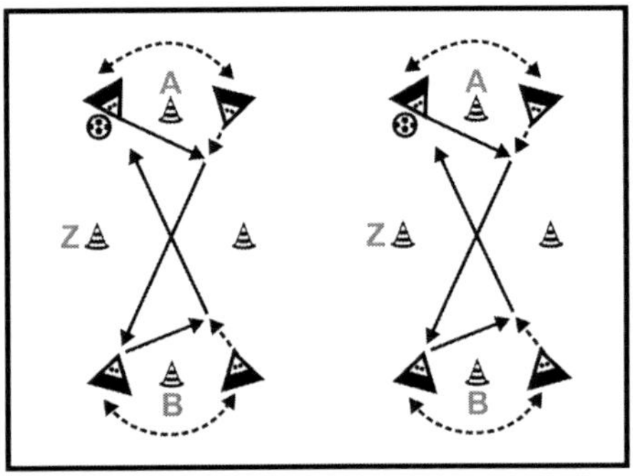

Organisation & Ablauf

Ein Hütchentor Z (Breite: 4 Meter) und zwei Positionen A und B im Abstand von 12 Metern zueinander aufbauen.

Jeweils zwei Spieler zu A und B stellen. Sie stehen jeweils nebeneinander, so dass sich das Hütchen zwischen ihnen befindet. Ein Spieler hat einen Ball.

Der Spieler mit Ball spielt den Ball leicht in den Lauf des nebenstehenden Spielers. Dieser passt diagonal durch das Hütchentor. Der Passempfänger spielt den Ball wieder leicht in den Lauf des Nebenmanns und dieser passt wieder diagonal durch das Hütchentor.

Die beiden nebenstehenden Spieler wechseln nach jedem Pass durch das Hütchentor ihre Seiten. Ein Spieler vor und der andere hinterm Hütchen laufen.

Spieleranzahl: 4–6 Spieler. Bei mehr als 4 Spielern drei Spieler je Seite aufstellen. Diese wechseln sich so ab, dass je Durchgang immer einer von ihnen pausiert.

Wettbewerb: Welche Gruppe spielt in 4 Minuten häufiger durchs Hütchentor?

Variation: Für den zweiten Durchgang wechseln die Spieler A nach B und umgekehrt.

Tipp: Vorlegen mit dem inneren Fuß und Passen mit dem äußeren Fuß. Entsprechend den Mitspieler anspielen.

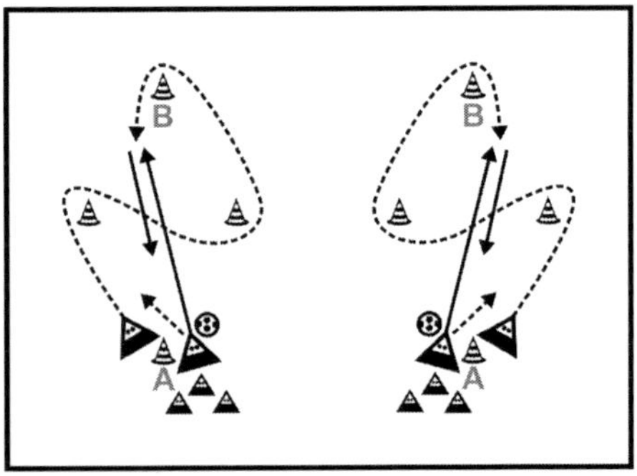

Organisation & Ablauf

Nebenstehenden Parcours weiter nutzen.

Das Team in zwei Gruppen teilen. Die Gruppe steht komplett am Starthütchen A. Der zweite Spieler A hat einen Ball.

Der erste Spieler A sprintet entsprechend der Zeichnung um die mittleren Hütchen (halbe 8), umläuft Wendehütchen B und erhält ein Zuspiel in den äußeren Fuß. Diesen lässt er zum nächsten Spieler A klatschen. Nachdem A zu B gepasst hat, sprintet dieser nach dem gleichen Muster in den Parcours.

Nachdem B zum nächsten Spieler A gespielt hat, stellt er sich hinten bei A an.

Wettbewerb: Für jeden Pass zur Startposition A gibt es einen Punkt. Welche Gruppe erreicht in drei Minuten mehr Punkte?

Variation: Für den zweiten Durchgang umläuft man die Hütchen in der entgegengesetzten Richtung.

Tipp: Der Passempfänger A stoppt den Ball an, bevor er ihn zum nächsten Spieler B weiterpasst. Die Hütchen komplett umlaufen, sonst wird kein Punkt gezählt.

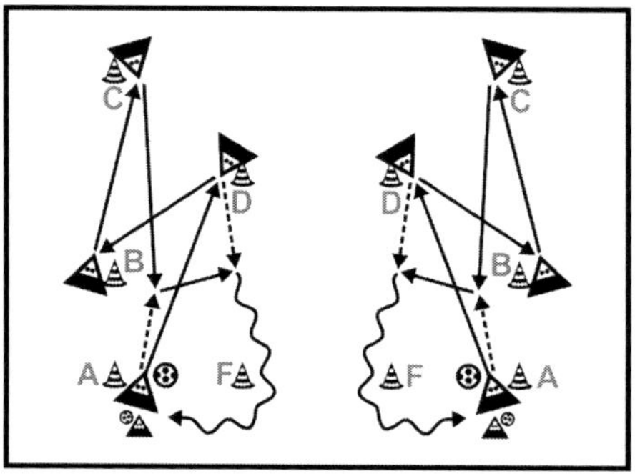

Organisation & Ablauf

Drei Hütchen (A. B, C) in eine Reihe im Abstand von 5 und 10 Metern stellen. 5 Meter seitlich daneben stehen die Hütchen D und F im Abstand von 10 Metern.

Die Positionen B bis D einfach besetzen. Mindestens zwei Spieler mit Bällen zum Starthütchen A.

Nur Direktspiel: Spieler A passt zu D, D zu B, B zu C und C zum entgegenstartenden A. A legt den Ball auf zu D und D dribbelt um das Wendehütchen F herum zurück zum Starthütchen.

Alle Spieler wechseln eine Position weiter: A zu B, B zu C und C zu D.

Spieleranzahl: 5–7 Spieler.

Wettbewerb: Welche Gruppe umdribbelt in 4 Minuten häufiger das Wendehütchen?

Variation: Für den zweiten Durchgang zum spiegelverkehrt aufgebauten Parcours wechseln. Der zweite Spieler A ist ohne Ball und erhält von D einen Pass. Position F als kleines Hütchentor aufbauen, welches es zu durchdribbeln gilt.

Tipp: A läuft C nicht zu weit entgegen und D startet erst in die Tiefe zu F, nachdem A den Ball aufgelegt hat. Offene Stellung der Spieler. Kommando Klatsch oder Namen des Passempfängers rufen.

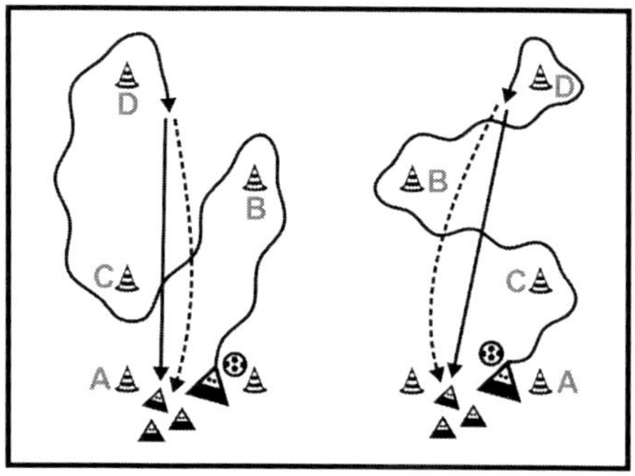

Organisation & Ablauf

Nebenstehenden Parcours weiter nutzen.

Das Team in zwei Gruppen teilen. Die Gruppe steht komplett im Hütchentor A. Der jeweils vordere Spieler hat einen Ball.

Auf Trainersignal dribbelt der Spieler außen um das Hütchen B, zurück um Hütchen C und dann um Hütchen D. Es folgt ein Pass zurück zum zweiten Spieler seiner Gruppe. Der Pass wird hinterm Hütchentor angestoppt. Der Passgeber sprintet seinem Pass hinterher, klatscht den Passempfänger ab und danach startet dieser mit der gleichen Aufgabe in den Parcours.

Wettbewerb: Welche Gruppe klatscht sich in 4 Minuten häufiger ab?

Variation: Dribbelweg entsprechend des rechten Parcours der Zeichnung. Zuerst um C, dann um B und zuletzt um D.

Tipp: Der Dribbler passt jeweils mit dem äußeren Fuß zurück. Enge Ballführung. Genauer Rückpass. Für den zweiten Durchgang den alternativen Dribbelweg wählen.

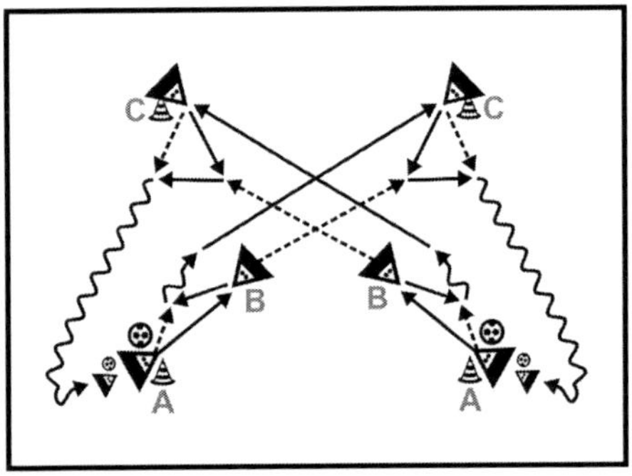

Organisation & Ablauf

Ein Hütchenquadrat (18 × 18 Meter) aufbauen. Position B nicht markieren, sie befindet sich ca. 5 Meter von A entfernt (Innenbahn zwischen A und C).

Mindestens zwei Spieler mit Bällen zu den beiden Positionen A. Jeweils ein Spieler zu den vier Positionen B und C.

Von den Positionen A wird gleichzeitig mit dem jeweils gleichen Ablauf gestartet. Die diagonal zueinander stehenden Spieler kombinieren miteinander: Spieler A passt zu B, B lässt zurückklatschen, A nimmt den Ball kurz nach außen mit und passt zu C. B startet diesem Pass nach und spielt mit C Doppelpass.

A wechselt zu B, B nach C und C dribbelt zur gegenüberliegenden Position A.

Spieleranzahl: 8–12 Spieler.

Wettbewerb: Welche Gruppe spielt in 4 Minuten mehr Pässe zu C? Pässe, die mit anderen Bällen oder Spielern kollidieren, zählen nicht.

Variation: Anstatt eines Passes von A nach B, wird B der Ball hoch zugeworfen, dann Ablauf wie zuvor.

Tipp: Blickkontakt beim Passspiel. Nur in freie Passwege spielen. Positionen so wechseln, dass man immer den Ball im Blick hat. Kommunikation untereinander: Klatsch und Namen rufen.

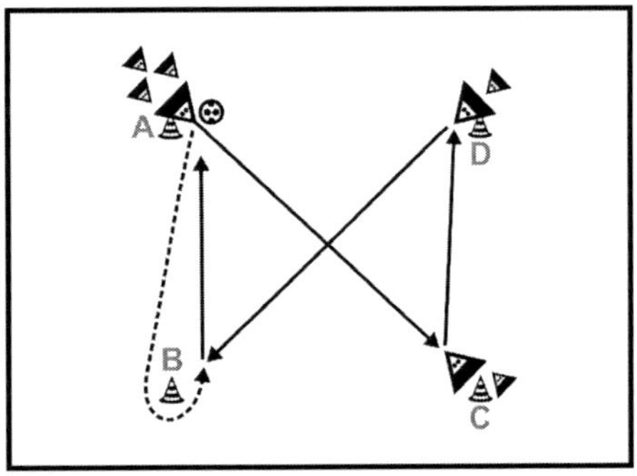

Organisation & Ablauf

Nebenstehenden Parcours weiter nutzen.

Jeweils zwei Spieler zu C und D stellen. Die restlichen Spieler mit einem Ball zur Startposition A.

Spieler A passt diagonal zu C und sprintet sofort außen um das Hütchen B. In der Zwischenzeit hat C zu D gespielt und D den Ball angestoppt. Sobald A um das Hütchen gesprintet ist, erhält er von D den Ball. A passt zum nächsten Spieler A. Der Passempfänger startet nach dem gleichen Schema in den Parcours.

Alle Spieler wechseln eine Position weiter. A nach C, C nach D und D nach A.

Wettbewerb: Für jeden Pass zurück zu A gibt es einen Punkt. Welche Gruppe erreicht in 3–4 Minuten mehr Punkte?

Variation: Für den zweiten Durchgang ist D die Startposition und es wird das Hütchen C umsprintet. A und B jeweils mit zwei Spielern besetzen.

Tipp: Spieler A passt nach seinem Sprint immer mit dem inneren Fuß zurück zu Passempfänger A. Dieser darf das Zuspiel nicht vor dem Hütchen A zu C weiterleiten. Möglichst auf allen Positionen direkt spielen.

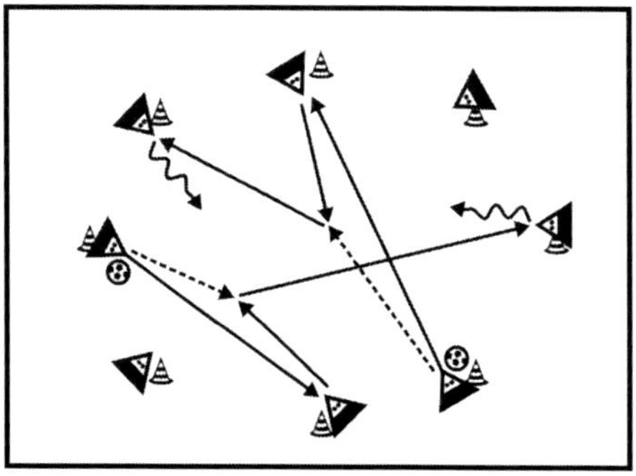

Organisation & Ablauf

Acht Hütchen kreisförmig in einem Radius von ca. 20 Metern aufbauen.

Jedem Hütchen einen Spieler zuweisen. Zwei Spieler haben einen Ball.

Die Spieler mit Ball starten gleichzeitig in die Übung. Sie passen zu einem beliebigen Spieler und laufen ihrem Pass nach. Der Passempfänger lässt den Ball klatschen und der Passgeber spielt direkt zu einem Dritten. Der Passempfänger des „Spiels über den Dritten" dribbelt kurz ins Feld und dann gleicher Ablauf. Reibungslosen Ablauf gewährleisten, indem nur Spieler angespielt werden, die gerade nicht im Passspiel mit dem anderen Ball involviert sind.

Wer zum Dritten passt, wechselt sofort zu einem freien Hütchen.

Spieleranzahl: 7–10 Spieler. Bei mehr als 8 Spielern entsprechend mehr Hütchen aufstellen.

Wettbewerb: Welches Team spielt in 4 Minuten öfters zum Dritten?

Tipp: Den ersten Pass mit „Klatsch" coachen und beim Spiel zum Dritten den Namen des Passempfängers laut rufen. Immer in den Fuß klatschen lassen, auf dessen Seite das Spiel fortgesetzt werden kann. Die wartenden Außenspieler bewegen sich auf den Fußballen.

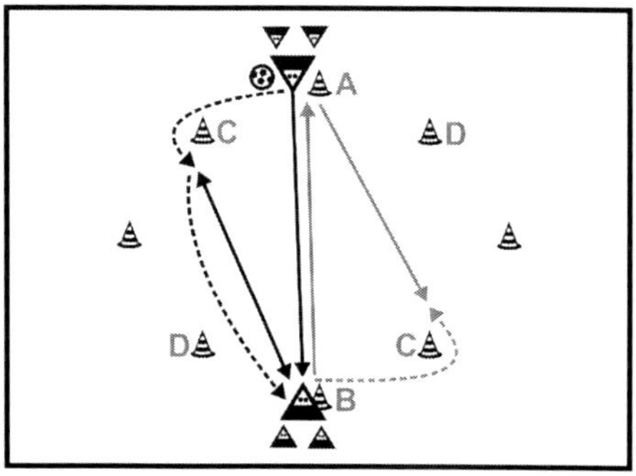

Organisation & Ablauf

Nebenstehenden Parcours weiter nutzen.

Die Spieler teilen sich zur gleichen Zahl an den Positionen A und B auf. Der vordersten Spieler A hat einen Ball.

Spieler A passt zu B und A umläuft direkt das rechte Hütchen C. B passt dorthin, A passt zurück, sprintet seinem Pass nach, B stoppt den Ball an und sobald B von A abgeklatscht wird, startet B mit der gleichen Aufgabe in den Parcours: Pass zu A, Hütchen C umlaufen, Pass zurückspielen, nachlaufen und abklatschen.

A wechselt nach B und umgekehrt.

Wettbewerb: Welche Gruppe spielt in 4 Minuten mehr Pässe zwischen den Positionen A und B?

Variation: Anstatt Hütchen C wird nun Hütchen D umlaufen.

Tipp: Den Pass, den man erhält, nachdem man Hütchen C bzw. D umlaufen hat, immer mit dem äußeren Fuß zurückspielen. Immer in maximaler Geschwindigkeit sprinten.

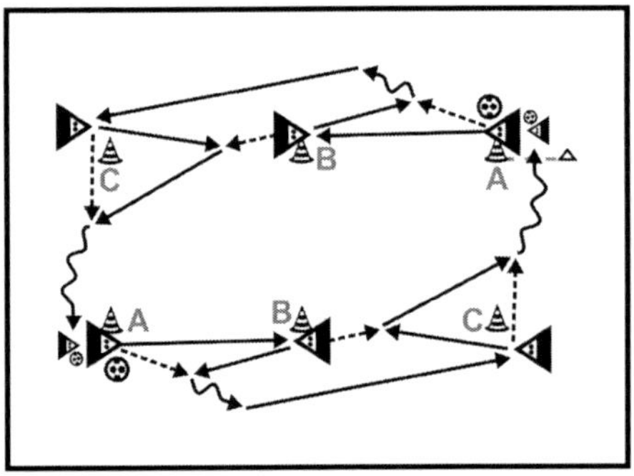

Organisation & Ablauf

Sechs Hütchen im Abstand von jeweils acht Metern zueinander aufbauen (zwei Dreierreihen). Ein Hütchentor markieren.

Je zwei Spieler mit Bällen zu den beiden Startpositionen A. Die restlichen vier Positionen einfach besetzen.

Die jeweils ersten Spieler A starten gleichzeitig in den Parcours. A passt zu B, B lässt klatschen, A nimmt den Ball nach außen mit und passt mit dem zweiten Ballkontakt zu C. C spielt Doppelpass mit B und dribbelt zur Startposition der anderen Hütchenreihe.

Spieleranzahl: 6–10 Spieler. Bei 6 Spielern die Positionen A nur einfach besetzen und bei mehr als 8 Spielern die Positionen A dreifach besetzen.

Wettbewerb: Welche Gruppe dribbelt in 4 Minuten häufiger durch das Hütchentor?

Variation: Für den zweiten Durchgang wechselt man die Spielrichtung. Es wird nun von den Positionen C gestartet.

Tipp: Blickkontakt beim Passen. In den hinteren Fuß spielen. Die Spieler stehen außen an den Hütchen. Doppelpass gut getimt spielen.

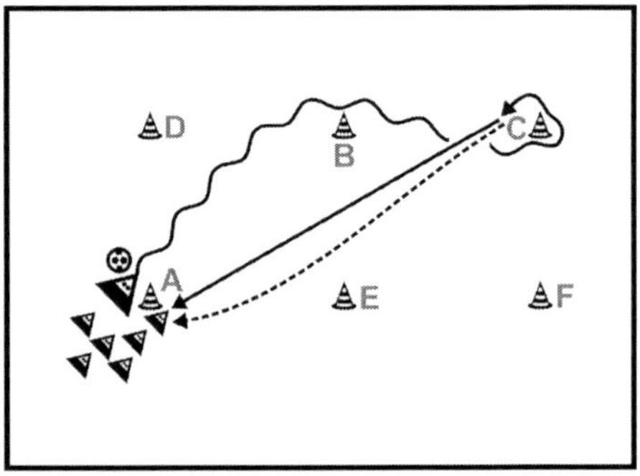

Organisation & Ablauf

Nebenstehenden Parcours weiter nutzen.

Alle Spieler stehen mit einem Ball am Starthütchen A.

Auf Trainersignal dribbelt der erste Spieler außen um das Hütchen B und innen um das Hütchen C. Mit dem äußeren Fuß passt er danach zurück zur Startposition und sprintet seinem Pass nach. Der zweite Spieler A stoppt den Ball an. Sobald dieser vom sprintenden Spieler abgeklatscht wird, startet der nächste Durchgang.

Wettbewerb: Welche Gruppe klatscht sich in 4 Minuten häufiger ab?

Variation: Es wird von Hütchen D gestartet. Es wird außen um E und innen um F gedribbelt. Danach Pass mit dem anderen Fuß.

Tipp: Aufgrund der Richtungsänderungen beim Dribbling den Ball eng führen. Den Pass präzise und druckvoll spielen.

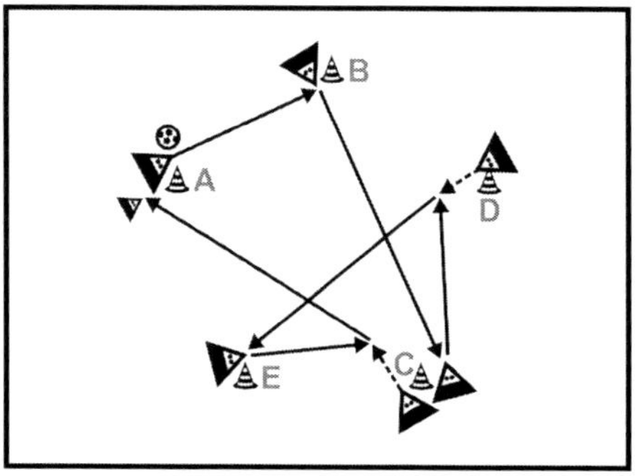

Organisation & Ablauf

Fünf Hütchen entsprechend einem 15 Meter großen Stern aufbauen.

Zwei bis vier Spieler mit einem Ball zur Startposition A. Position C doppelt und die restlichen drei Positionen einfach besetzen.

Spieler A passt zu B, B zu C, C zu D, D zu E und E zum zweiten Spieler C. Der zweite Spieler C passt zum zweiten Spieler der Startposition.

Spieler A, B, vorderer C, D folgen ihren Pässen. E wechselt zu A und der zweite Spieler C wird für den nächsten Durchgang zum vorderen Spieler C.

Spieleranzahl: 7–9 Spieler.

Wettbewerb: Welche Gruppe spielt in 4 Minuten häufiger zur Startposition A?

Tipp: In den hinteren Fuß des Passempfängers spielen. In die Vorwärtsbewegung der Spieler passen, besonders dem Spieler D und dem zweiten Spieler C. „Klatsch“ coachen bzw. Namen des Passempfängers rufen.

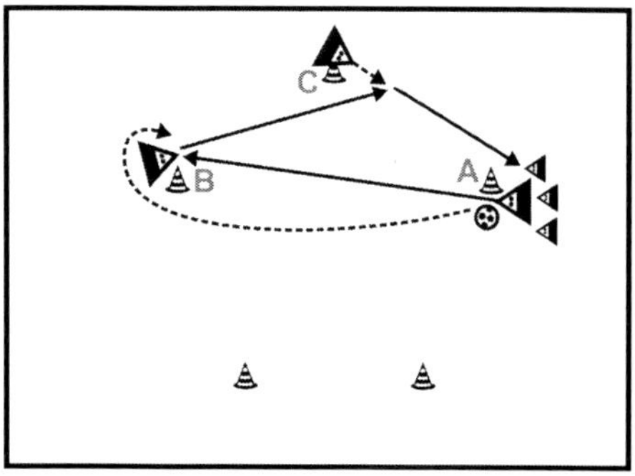

Organisation & Ablauf

Die oberen drei Positionen des nebenstehenden Aufbaus verwenden.

Die Positionen B und C einfach besetzen. Die restlichen Spieler mit einem Ball zu A.

Auf Trainersignal passt A zu B, B zu C und C zum zweiten Spieler A. Mit dem Pass zu B sprintet A um das Hütchen B und bietet sich dort für den Pass des zweiten Spielers A an.

Alle Spieler folgen ihren Pässen.

Wettbewerb: Welche Gruppe sprintet in 4 Minuten häufiger um das Hütchen B?

Variation: Für einen zweiten Durchgang das Hütchen B auf der anderen Seite umlaufen.

Tipp: B in den äußeren Fuß passen. C soll A so anspielen, dass er die Möglichkeit hat, den Ball direkt weiterzuleiten. Beim Wechsel von C nach A soll C einen leichten äußeren Bogen laufen, damit er den Pass von A Richtung B nicht stört.

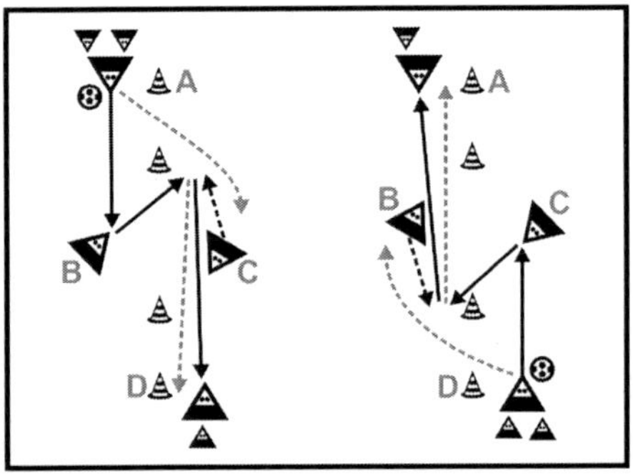

Organisation & Ablauf

Zwei Startpositionen (A und D) 25 Meter entfernt zueinander aufbauen. Jeweils 6 Meter innen davon ein Hütchen stellen.

Spieler B und C stellen sich ca. 5 Meter entfernt zueinander auf einer Höhe zwischen den Startpositionen. 2–4 Spieler stellen sich zu A und D (stehen sich diagonal gegenüber). Ein Spieler A mit Ball.

Ablauf (linke Abbildung): Spieler A passt zu B, gleichzeitig setzt sich C in der Tiefe ab und B lässt auf C klatschen. C passt zu D. Von D nun gleicher Ablauf (rechte Abbildung): Pass zu C, C lässt auf B klatschen und B passt zu A.

Spieler, die von einer Startposition passen, wechseln auf die zentrale Position diagonal von ihnen. Der zentrale Spieler, der klatschen gelassen hat, bleibt auf Position und der Spieler, der zu einer Startposition passt, folgt seinem Pass.

Spieleranzahl: 5–9 Spieler. Bei 5 Spielern nur einen zu D stellen. Bei ungerader Zahl immer einen Spieler mehr zu A.

Wettbewerb: Welche Gruppe lässt den Ball in 4 Minuten häufiger klatschen?

Variation: Spieler A und D stellen sich auf der anderen Seite des Hütchens und A beginnt mit einem Pass zu C.

Tipp: A (D) passt in den inneren Fuß von B (C). Deutlich in die Tiefe absetzen.

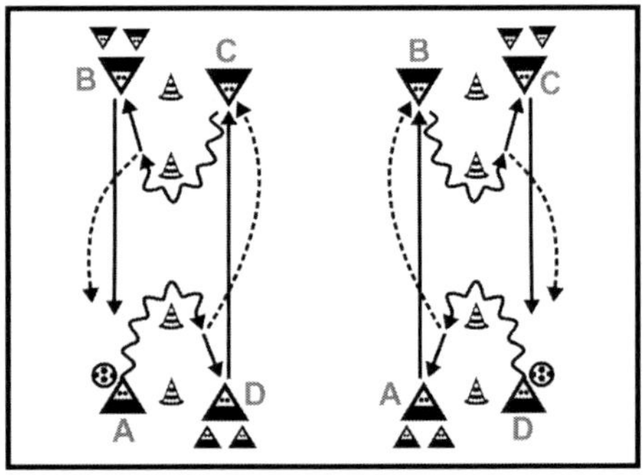

Organisation & Ablauf

Nebenstehenden Parcours weiter nutzen.

Jeweils ein Spieler auf die Position A und C. Die restlichen Spieler teilen sich an B und D auf. Vorderster Spieler A mit Ball.

Auf Trainersignal dribbelt Spieler A um das vordere Hütchen und passt zu D. Sofort sprintet er zum gegenüberstehenden Spieler C. Inzwischen hat D zu C gepasst. Sobald C von A abgeklatscht wird, dribbelt dieser um sein vorderes Hütchen, passt zu B und sprintet zu A. B passt zu A. Sobald A abgeklatscht wird, startet der nächste Durchgang.

A und C wechseln nach ihren Sprints zu den gegenüberliegenden Positionen B und D. B und D, die zur gegenüberliegenden Position passen, wechseln zur nebenstehenden Position C und A.

Wettbewerb: Welche Gruppe klatscht sich in 5 Minuten häufiger ab?

Variation: Die Übung wird von Position D aus gestartet. Dazu ist die Position D und B einfach besetzt und die restlichen Spieler gehen zu A und C. Rechte Abbildung.

Tipp: Nach dem Dribbling immer mit dem äußeren Fuß in den äußeren Fuß des Passempfängers passen. Beim Abklatschen muss sich der Spieler auf Höhe des hinteren Hütchens befinden.

A: Ballzirkulation

Spielformen zum Kombinationsfußball

Die Spielformen aus diesem Kapitel bilden die Hauptteile der **A-Trainingseinheiten**. Bei der Ballzirkulation geht es darum, den Ball trotz Gegnerdruck lange in den eigenen Reihen zu halten. Aus engen Spielsituationen gilt es sich zu lösen und das Spiel in freie Räume zu verlagern. Für ein schnelleres Spiel betreiben die Spieler eine aktive Vororientierung. Bevor sie den Ball erhalten, kennen sie schon ihre Passoptionen. Zur Verbesserung des Direktspiels bewegen sich die Spieler in offener Stellung: Halboffen zum Ballführenden und halboffen zum nächsten Passempfänger.

Die Qualität der Ballzirkulation ist von der Anzahl der Anspielstationen abhängig. Damit der Ballführende über möglichst viele Passoptionen verfügt, gehen die Spieler ohne Ball auf Lücke, starten in freie Räume, kommen zum Klatschen-lassen entgegen und zeigen sich weiträumig zur Spielverlagerung. Sie absolvieren Freilaufbewegungen, um sich einen Bewegungsvorsprung zu verschaffen. Stürmisch heranstartende Gegner werden mit einer Finte ausgespielt. Möglichst oft direkt zum Dritten spielen. Ist kein Direktspiel möglich, den Ball Richtung freien Raum mitnehmen. Spieler, die sich nicht aktiv anbieten, nehmen einen Ballverlust ihrer Mannschaft in Kauf.

Grundvoraussetzung für eine sichere Ballzirkulation ist eine Technik, wie sie im Kapitel **Technik-Endlosformen** ab Seite 9 vermittelt wird: Direktes Passspiel aus verschiedenen Winkeln, präzise, flach und druckvoll. Bei der Ballzirkulation gilt es, die Technik auch unter Gegnerdruck in einer hohen Qualität anzuwenden. Auf mentaler Ebene gilt es, Spielsituationen zu erkennen und gemeinsam mit seinen Mitspielern immer wieder neue Wege zu finden, den Ball in den eigenen Reihen zu halten. Durch diese ständige Beanspruchung des Intellekts entwickelt sich die Spielintelligenz.

Auch der Ausgang eines Spiels ist in hohem Maße von diesen Faktoren abhängig. Ist man befähigt, den Ball von hinten bis vor die gegnerische Abwehrkette sicher zu transportieren, benötigt man dann nur noch eine gruppentaktische Aktion, wie Doppelpass, Spiel in die Tiefe, Andribbeln oder Spiel über den Dritten, um einen Spieler hinter der Abwehrkette freizuspielen. Ballbesitz ist gleichzeitig die beste Verteidigung, weil sie keine Verteidigung benötigt – lediglich eine Absicherung (Rückverteidigung).

Die meisten der folgenden Ballzirkulationsspiele belohnen durch ihr Wertungssystem das Spiel über den Dritten. So soll sich ein Automatismus für dieses Direktspiel entwickeln. Alle folgenden Spielformen können in großen Gruppen absolviert werden, damit auch ein alleiniger Trainer das Training leiten kann. Verfügt man über einen Co-Trainer und genügend Spieler, besteht die Option, das Feld zweimal aufzubauen und die Trainingsgruppe zu teilen. Dies führt zu einer Erhöhung der Aktionen für die Spieler. Zur Steigerung der Motivation dann nach der Champions-League-Regel spielen: Sieger-Team steigt ein Feld auf und das Verlierer-Team ein Feld ab. Spielzeit beträgt etwa 5 Minuten je Partie.

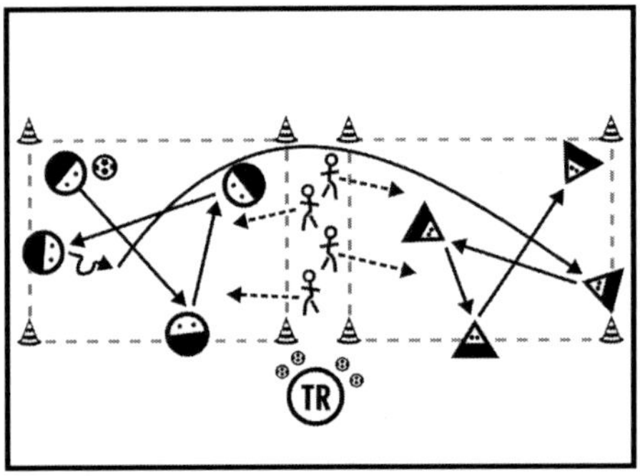

Organisation & Ablauf

Zwei Rechtecke (15 × 20 Meter) nebeneinander aufbauen. Dazwischen eine 5 Meter breite neutrale Zone

Drei Teams zu je 4 Spielern bilden. Zwei Teams je einem Rechteck zuweisen. Das dritte Team geht in die neutrale Zone.

Der Trainer spielt einen Ball in ein beliebiges Rechteck. Die Hälfte der Spieler des dritten Teams startet in das gleiche Feld und dort wird nun 4 gegen 2 auf Ballhalten gespielt. Ab 5 Passfolgen darf ein Flugball in das andere Feld gespielt werden. Die balljagenden Spieler wechseln zurück in die neutrale Zone und die anderen Spieler des dritten Teams gehen nun im anderen Rechteck auf Balljagd. Bei Ballverlust passt der Trainer einen neuen Ball in das andere Feld.

Dreimal fünf Minuten Spielzeit. Jedes Team geht einmal auf Balljagd.

Spieleranzahl: 12–20 Spieler. 4er- oder 6er-Teams bilden. Restliche Spieler als Neutrale einem Rechteck zuweisen, wo sie die ganze Spielzeit über verbleiben.

Wettbewerb: Für jeden erfolgreichen Flugball gibt es einen Strafpunkt für das dritte Team. Welches Balljagd-Team hat am Ende die wenigsten Strafpunkte?

Variation: Nicht zum selben Spieler zurückspielen.

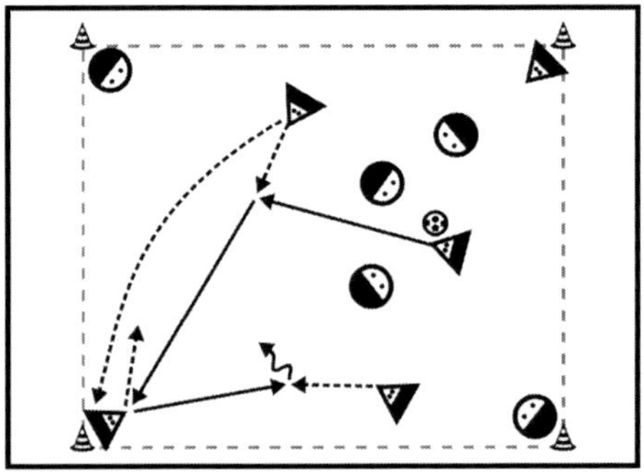

Organisation & Ablauf

Ein Quadrat (20 × 20 Meter) aufbauen.

Zwei Teams zu je 5 Spielern bilden. Jeweils zwei Spieler einer Mannschaft stehen sich diagonal gegenüber in einer Spielfeldecke.

Im Feld wird 3 gegen 3 auf Ballhalten gespielt. Die Mitspieler in den Ecken können angespielt werden. In diesem Fall wechseln Passgeber und Passempfänger Position und Aufgaben.

Dreimal drei Minuten Spielzeit. Das Verlierer-Team nach jeweils einer Spielzeit absolviert eine Strafe.

Spieleranzahl: 8–12 Spieler. Im Feld kann auch 2 gegen 2 oder 4 gegen 4 gespielt werden. Bei einer ungeraden Zahl mit einem Neutralen im Feld spielen.

Wettbewerb: Die Teams erhalten einen Punkt, indem der „Eckspieler“ einen direkten Pass zu einem Dritten Spieler spielt (nicht zu dem Spieler, von dem das Zuspiel kam).

Variation: Ballkontaktzahl je Spieler zwischen Ballannahme und Ballabgabe reduzieren.

Tipp: Vororientierung anstreben. Sobald ein Pass zu einem Eckspieler erfolgt, rückt ein dritter Spieler für ein Zuspiel nach. Ballbesitz geht vor Punkterzielung!

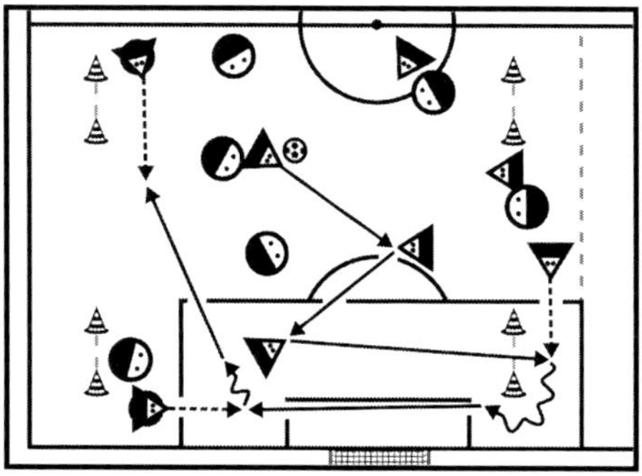

Organisation & Ablauf

Eine Spielfeldhälfte verengen. In den vier Ecken je ein Hütchentor (Breite: 4 Meter) aufbauen. Diese stehen 8 Meter von den Außenlinien entfernt.

Zwei 6er-Teams und zwei Neutrale bestimmen.

Die Teams spielen auf Ballhalten gegeneinander. Die Neutralen sind jeweils bei der ballbesitzenden Mannschaft. Ziel ist es, durch die Hütchentore zu passen.

Zwei Durchgänge spielen. Nach 5 Minuten eine aktive Erholung einbinden, indem die Spieler z. B. mit einem Ball jonglieren oder zwei Spieler zwecks Kopfbällen zusammengehen.

Spieleranzahl: 11–18 Spieler. Das Spielfeld entsprechend der Spieleranzahl und dem Leistungsstand des Teams anpassen.

Wettbewerb: Für jeden Pass durch ein Hütchentor gibt es einen Punkt. Danach muss zum Punkten durch ein anderes Hütchentor gepasst werden. Erreicht ein Team 5 Punkte in Folge, ohne dass der Ball aus ging und der Gegner den Ball eroberte, müssen die Spieler des Verteidiger-Teams sofort 5 Liegestütze machen.

Variation: Ein Spiel über den Dritten durch ein Hütchentor zählt zwei Punkte.

Tipp: Ständige Spielverlagerung.

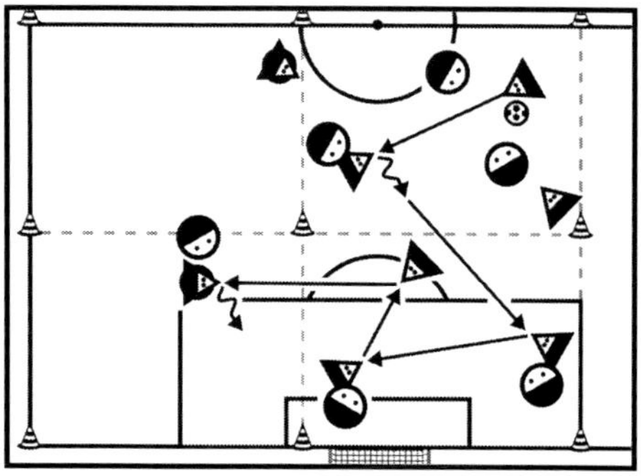

Organisation & Ablauf

Eine Spielfeldhälfte verengen und in vier gleich große Bereiche teilen.

Zwei 6er-Teams und zwei Neutrale bestimmen.

Die Teams spielen auf Ballhalten gegeneinander. Die Neutralen sind jeweils bei der ballbesitzenden Mannschaft. Ziel ist es, ohne Ballverlust in drei der vier Bereiche einen Pass zum Mitspieler oder zum Neutralen zu spielen.

Zwischen zwei Durchgängen eine aktive Erholung einbinden.

Spieleranzahl: 11–18 Spieler. Das Spielfeld entsprechend der Spieleranzahl und dem Leistungsstand des Teams anpassen.

Wettbewerb: Gelingt in drei der vier Vierteln ein Pass untereinander, erhält die Mannschaft einen Punkt und bleibt in Ballbesitz. Welches Team erreicht zuerst 5 Punkte?

Variation: Ein Spiel über den Dritten durch ein Hütchentor zählt zwei Punkte.

Tipp: Ständige Spielverlagerung. Viel Kommunikation. Bei einem Pass in einem Viertel schon direkt einen Pass im nächsten Viertel vorbereiten.

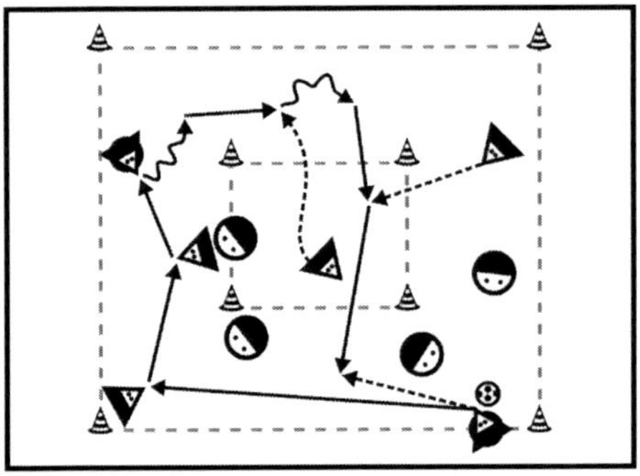

Organisation & Ablauf

Ein äußeres Quadrat (25 × 25 Meter) markieren. In diesem Feld ein inneres Quadrat (8 × 8 Meter) aufbauen.

Zwei 4er-Teams und zwei neutrale Spieler bestimmen.

Innerhalb des kompletten äußeren Quadrats wird 4 gegen 4 auf Ballhalten gespielt. Die Neutralen spielen jeweils mit dem ballbesitzenden Team. Sie dürfen jedoch nicht das innere Quadrat betreten.

Spieleranzahl: 7–16 Spieler. Bei einer ungeraden Spieleranzahl mit nur einem Neutralen spielen. Die Feldgrößen bei Bedarf ändern.

Wettbewerb: Für jedes Direktspiel von einem Spieler aus dem inneren Quadrat zu einem Mitspieler ins äußere Quadrat gibt es einen Punkt.

Variation: Zwei 6er-Teams. 40-Meter-Quadrat plus 20-Meter-Innenquadrat. Ins innere Feld zwei Spieler eines Teams und zwei Neutrale stellen (nur Direktspiel). Für jede Spielverlagerung durch das innere Feld gibt es einen Punkt.

Tipp: Erst mit der Möglichkeit, ins innere Quadrat zu passen, startet ein Mitspieler dort hinein. Erfolgt dann kein Pass, das innere Quadrat wieder verlassen und dadurch Raum für einen anderen Mitspieler schaffen.

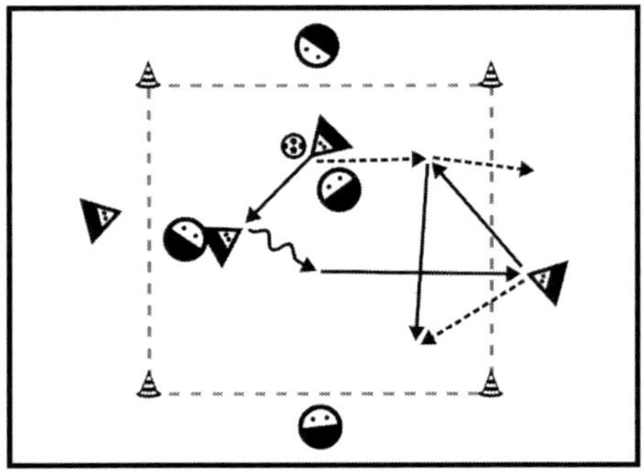

Organisation & Ablauf

Ein Quadrat (20 × 20 Meter) aufbauen.

Zwei 4er-Teams bilden.

Zwei Spieler je Team stehen sich hinter einer Außenseite des Felds gegenüber. Die anderen beiden Spieler eines Teams spielen im Feld auf Ballhalten gegeneinander. Die Außenspieler agieren über die komplette Breite ihrer Außenseite und dürfen von ihren Mitspielern angespielt werden. Die Außenspieler dürfen nur einen direkten Pass zum Dritten spielen.

Passt ein Spieler aus dem Feld zu einem Außenspieler, wechseln diese sofort Aufgabe und Position.

Spieleranzahl: 8–11 Spieler. Mit je drei Spielern im Feld spielen bzw. einen Neutralen ins Feld stellen.

Wettbewerb: Ein Spiel zum Dritten eines Außenspielers ergibt einen Punkt.

Tipp: Der Außenspieler, der ins Feld wechselt, muss sich sofort anbieten. Nur zu einem Außenspieler passen, wenn dieser auch die Möglichkeit eines Spiels zum Dritten hat. Der nicht ballführende Spieler im Feld läuft sich ständig frei, um mit dem Ballführenden zu kombinieren und um vom Außenspieler einen Pass zu erhalten und zu kontrollieren. Spielverlagerungen für einen Raumgewinn anstreben.

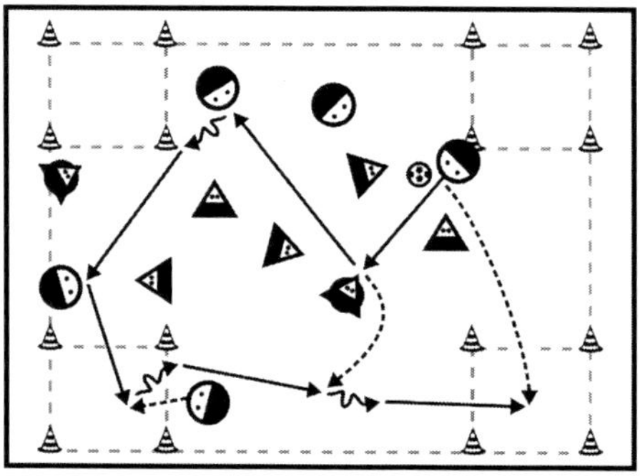

Organisation & Ablauf

Ein Feld (40 × 40 Meter) mit vier Eckzonen (8 × 8 Meter) markieren.

Zwei 5er-Teams und zwei neutrale Spieler bestimmen.

Innerhalb des Felds wird auf Ballhalten gespielt. Die Neutralen spielen jeweils mit dem ballbesitzenden Team.

Spieleranzahl: 8–17 Spieler. Zwei gleich große Mannschaften bilden und mit 0–3 Neutralen spielen.

Wettbewerb: Wird der Pass eines Mitspielers in einer Eckzone angenommen, gibt es einen Punkt. Mit Eishockey-Abseits spielen. Der Ball muss vor dem Spieler die Eckzone erreicht haben.

Tipp: Nur bei genügend Raum versuchen einen Punkt zu erzielen. Bei engen Spielsituationen das Spiel verlagern. Viele Richtungswechsel absolvieren, um Raum zu schaffen. Absolute Laufbereitschaft aller Spieler.

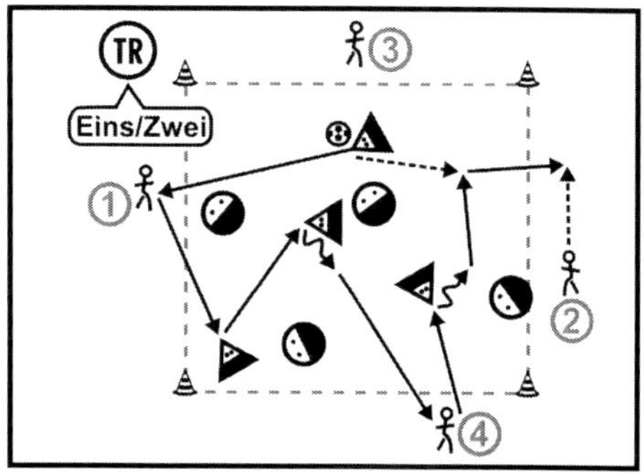

Organisation & Ablauf

Ein Quadrat (25 × 25 Meter) aufbauen.

Drei 4er-Teams bilden. Die vier Spieler von Team C agieren jeweils hinter einer Feldseite.

Im Quadrat spielt Team A gegen Team B auf Ballhalten gegeneinander. Die Spieler C agieren als neutrale Spieler. A und B haben freies Spiel und C mit maximal zwei Ballkontakten (Ball muss rollen).

Nach fünf Minuten spielt Team A gegen C und B ist neutral und dann B gegen C.

Spieleranzahl: 12–18 Spieler. Die zwei Teams, die im Feld auf Ballhalten spielen, gleichmäßig vergrößern.

Wettbewerb: Jeder neutrale Außenspieler erhält eine Nummer. Der Trainer ruft in regelmäßigen Abständen laut zwei beliebige Nummern. Die Teams im Feld müssen nun versuchen, zwischen den aufgerufenen Außenspielern das Spiel hin und her zu verlagern. Für jede dieser Spielverlagerungen gibt es einen Punkt.

Tipp: Erst die nächsten zwei Nummern aufrufen, wenn der Ball in der entsprechenden Richtung gut läuft. Bei benachbarten Nummern darauf achten, enge Spielsituationen zu vermeiden und weiträumig zu passen. Die Außenspieler bieten sich über die komplette Spielfeldbreite an.

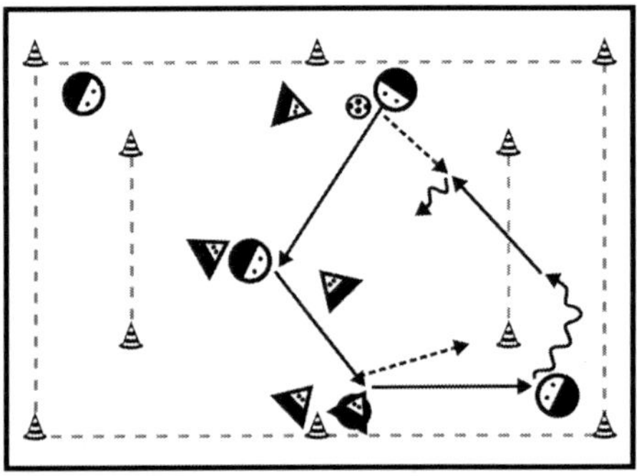

Organisation & Ablauf

Ein Feld (20 × 40 Meter) mit Mittellinie aufbauen. Sieben Meter von den Grundlinien entfernt je ein Hütchentor (Breite: 8 Meter) stellen.

Zwei 4er-Teams bilden und einen neutralen Spieler bestimmen.

Freies Spiel auf Ballhalten. Für einen erfolgreichen Pass von hinten durch ein Hütchentor gibt es einen Punkt. Um einen erneuten Punkt zu erzielen, muss der Ball einmal über die Mittellinie. Es kann auf beide Tore angegriffen werden. Ein Team bekommt ein Punkt abgezogen, wenn sie von vorne durch ein Hütchentor passen.

Spieleranzahl: 9–36 Spieler. Teamgrößen, Anzahl der Neutralen und Anzahl der Spielfelder verändern.

Wettbewerb: Welches Team erzielt in 5 Minuten mehr Punkte? Ab zwei Feldern nach der Champions-League-Regel spielen. Felder mit Spielklassen bezeichnen (Champions-League, Bundesliga, Kreisliga). Sieger-Team steigt auf und Verlierer-Team steigt ab.

Tipp: Der Trainer steht mit Ersatzbällen am Spielfeldrand und spielt bei Ballaus sofort einen neuen Ball rein. Durch das schmale Spielfeld und die Platzierung der Tore wird ein schnelles Spiel in die Tiefe akzentuiert.

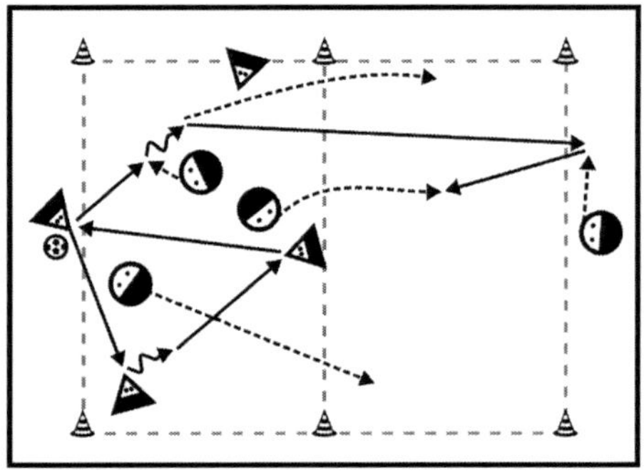

Organisation & Ablauf

Ein Feld (20 × 12 Meter) aufbauen und eine Mittellinie markieren.

Zwei 4er-Teams bilden. Jeder Mannschaft eine Spielfeldhälfte zuweisen. Ein Spieler je Team steht hinter der Grundlinie seiner Hälfte.

Es wird 4 gegen 3 auf Ballhalten in einer Spielfeldhälfte gespielt. Der Spieler hinter der Grundlinie ist über die komplette Breite des Felds aktiv. Erobern die Verteidiger den Ball, spielen sie zu dem Mitspieler hinter der Grundlinie ihrer Hälfte und rücken komplett nach. Die aktiven Spieler im Feld des anderen Teams rücken ebenfalls nach und nun spielt das andere Team 4 gegen 3 auf Ballhalten in ihrer Hälfte.

Der Spieler hinter der Grundlinie wechselt fließend nach Ermessen des Teams, spätestens aber nach einer Minute.

Spieleranzahl: 8 oder 10 Spieler. Es wird dann jeweils 5 gegen 4 auf Ballhalten gespielt.

Wettbewerb: Für 8 Passfolgen gibt es einen Punkt.

Tipp: Bei Ausball spielt der Trainer direkt einen Ball zum Spieler hinter der Grundlinie auf der anderen Seite, die Spieler rücken nach und dort wird direkt auf Ballhalten gespielt.

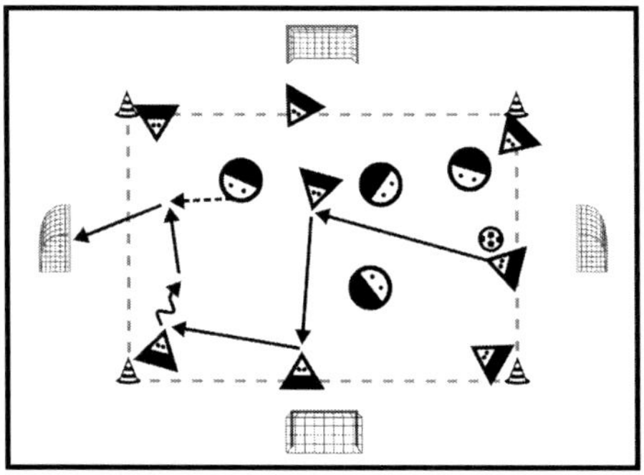

Organisation & Ablauf

Ein Feld (25 × 25 Meter) aufbauen und zentral hinter jeder Grundlinie im Abstand von 5 Metern ein Minitor stellen.

Drei 4er-Teams bilden.

Zwei Teams spielen zusammen auf Ballhalten gegen das dritte. Erobert das Unterzahl-Team den Ball, spielen sie auf eines der Minitore.

Nach 5 Minuten Spielzeit geht jeweils das nächste Team auf Balljagd.

Spieleranzahl: 9–18 Spieler. Das Spielfeld entsprechend der Spieleranzahl und dem Leistungsstand des Teams anpassen.

Wettbewerb: Das Überzahl-Team erhält bei drei direkten Pässen zum Dritten, ohne dass der Gegner den Ball berührt oder der Ball ins Aus gegangen ist, einen Punkt. Das Unterzahl-Team erhält für jedes Tor einen Punkt.

Variation: Fünfmal Spiel über den Dritten für einen Punkt.

Tipp: Bei Tor oder Aus erhält das Überzahl-Team den Ball. Bei Balleroberung des Unterzahl-Teams einen besser postierten Spieler für den Torabschluss anspielen.

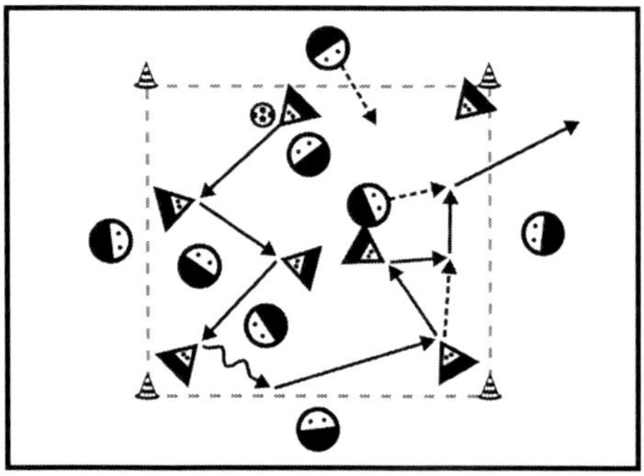

Organisation & Ablauf

Ein Quadrat (30 × 30 Meter) aufbauen.

Zwei 8er-Teams bilden. Team A ins Feld. Team B zur Hälfte ins Feld und 4 Spieler B stehen neben dem Feld.

Im Quadrat spielt Team A gegen B auf Ballhalten. Nach jeweils einer Minute kommt ein weiterer Spieler B ins Feld. Zuletzt wird eine Minute 8 gegen 8 gespielt.

Nach fünf Minuten wechseln die Teams Aufgabe und Position.

Spieleranzahl: 12–18 Spieler. Teams verkleinern und mit Neutralen spielen.

Wettbewerb: Für jeden flachen Pass, den Team B aus dem Feld spielt, erhalten sie einen Punkt. Bei einem Fehlpass von A aus dem Feld erhält B ebenfalls einen Punkt.

Variation: Bis zum 8-gegen-6 mit zwei Ballkontakten spielen. Später freies Spiel.

Tipp: Spielfeldgröße dem Leistungsstand anpassen. Ballfluss gewährleisten. Die wartenden Spieler B dribbeln um das Feld. Team A spielt nach einem Ballverlust Gegenpressing. Der Trainer spielt nach einem erzielten Punkt sofort einen neuen Ball zu Team A.

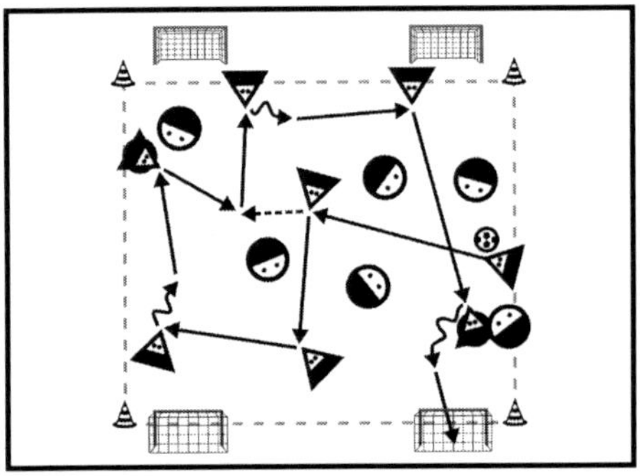

Organisation & Ablauf

Ein Feld 40 × 40 Meter aufbauen. Zwei Meter hinter den Grundlinien jeweils zwei äußere Minitore stellen.

Zwei 6er-Teams und zwei Neutrale bestimmen.

Die Teams spielen auf Ballhalten gegeneinander. Die Neutralen sind jeweils bei der ballbesitzenden Mannschaft. Die Teams erhalten einen Punkt, indem sie ab der achten Passfolge in eines der vier Minitore spielen. Nach einem Punkt starten die vorherigen Verteidiger mit Ballbesitz.

Zwischen zwei Durchgängen eine aktive Erholung einbinden.

Spieleranzahl: 9–18 Spieler. Das Spielfeld entsprechend der Spieleranzahl und dem Leistungsstand des Teams anpassen.

Wettbewerb: Für einen direkten Pass in ein Minitor erhält die Mannschaft zwei Punkte. Welches Team erreicht zuerst 10 Punkte?

Variation: Ein Treffer muss maximal mit dem zwölften Pass erfolgen.

Tipp: Aus engen Spielsituationen herausspielen, das Spiel verlagern und dann zielstrebig den Torabschluss suchen.

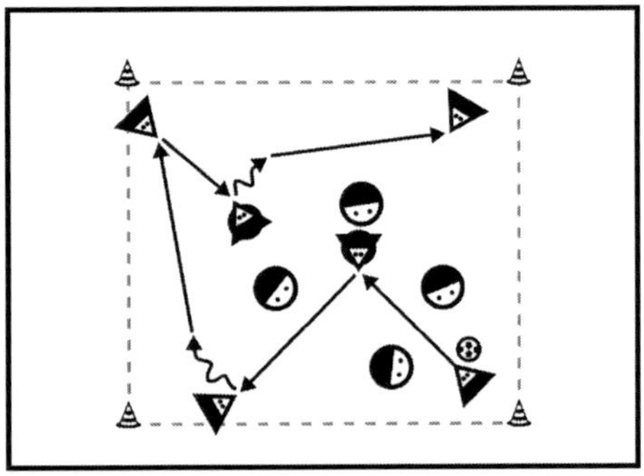

Organisation & Ablauf

Ein Feld 20 × 20 Meter aufbauen.

Zwei 4er-Teams und zwei Neutrale bestimmen.

Die Teams spielen auf Ballhalten gegeneinander. Die Neutralen agieren stets im Zentrum mit der ballbesitzenden Mannschaft. Das jeweils ballbesitzende Team agiert außen.

Gewinnt eine Mannschaft den Ball oder das ballbesitzende Team spielt den Ball ins Seitenaus, wechseln die Teams Aufgabe und Position.

Spieleranzahl: 7–12 Spieler. Es kann auch mit nur einem Neutralen gespielt werden.

Wettbewerb: Für fünf Passfolgen erhält das Team einen Punkt. Absolviert das Team ein Spiel über den Dritten mit einem Neutralen, erhält sie sofort einen Punkt.

Variation: Die Neutralen regelmäßig wechseln.

Tipp: Das ballbesitzende Team nutzt die komplette Spielfeldgröße. Die zwei Neutralen agieren gestaffelt zueinander.

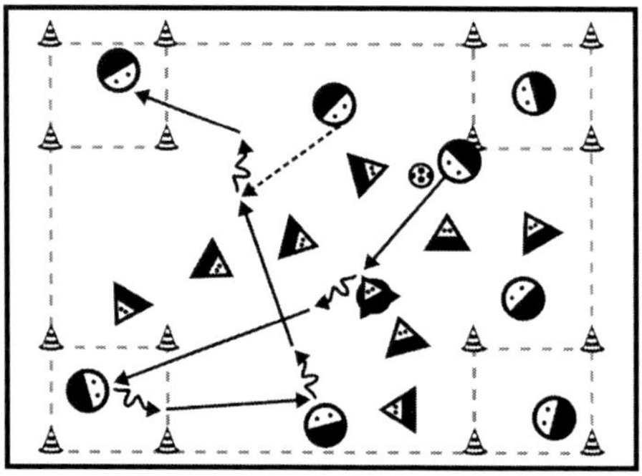

Organisation & Ablauf

Ein Quadrat (40 × 40 Meter) mit vier Eckzonen (5 × 5 Meter) aufbauen.

Zwei 8er-Teams bilden und 0–3 neutrale Spieler bestimmen.

Im Feld wird auf Ballhalten gespielt. Das Team in Ballbesitz besetzt mit je einem Spieler eine Eckzone. Ziel ist es möglichst oft einen „Eckspieler" anzuspielen. Erobert das andere Team den Ball, so besetzt das neue ballbesitzende Team sofort die Eckzonen und die „alten" Eckspieler wechseln ins Feld und gehen auf Balljagd. Freie Kontaktzahl aller Spieler.

Nach fünf Minuten aktive Pause und dann eine zweite Halbzeit spielen.

Spieleranzahl: 14–21 Spieler. Die Teamgrößen ändern. Mindestens drei Spieler des ballbesitzenden Teams müssen im Feld aktiv sein.

Wettbewerb: Für jeden Pass zu einem Eckspieler gibt es einen Punkt. Eine Jokerzone bestimmen die 2 Punkte bringt.

Tipp: Der Trainer hat alle Ersatzbälle und spielt diese bei Bedarf ins Feld. Schnelles Umschalten beider Teams. Das ballgewinnende Team besetzt sofort die Eckzonen. Aufgrund der Unterzahl im Feld des ballbesitzenden Teams, müssen sich hier alle Spieler nahe dem ballführenden Mitspieler anbieten.

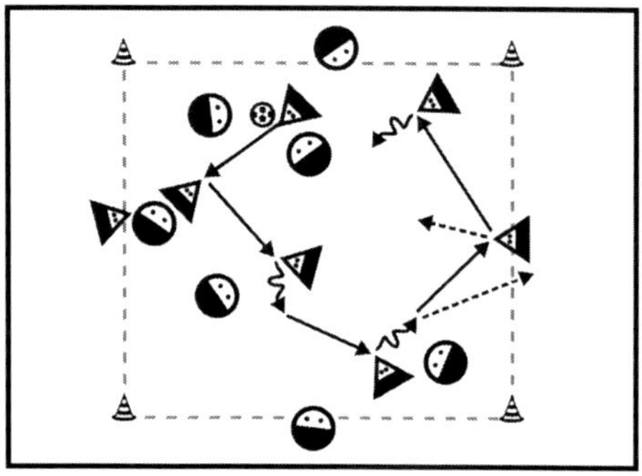

Organisation & Ablauf

Ein Quadrat (30 × 30 Meter) aufbauen.

Zwei 7er-Teams bilden und 0–2 neutrale Spieler bestimmen. Zwei Spieler eines Teams stehen sich als Außenspieler auf den Seiten des Quadrats gegenüber.

Im Quadrat wird 5 gegen 5 auf Ballhalten gespielt. Die Außenspieler agieren über ihre komplette Seite und helfen ihren Mitspielern den Ball zu halten. Sie dürfen nur direkt spielen.

Wer einen Außenspieler anspielt, wechselt mit ihm Aufgabe und Position.

Spieleranzahl: 12–18 Spieler. Die Teamgrößen ändern.

Wettbewerb: Passt ein Außenspieler zu einem Dritten, gibt es einen Punkt für die Mannschaftswertung.

Variation: Die Außenspieler dürfen auch mit zwei Ballkontakten spielen.

Tipp: Für einen reibungslosen Ablauf den Positionswechsel kommunizieren. Spielverlagerungen anstreben, um den dadurch geschaffenen Raum zum Spiel über den Dritten zu nutzen. Nach einem Pass zum Außenspieler sollen die Mitspieler direkt nachrücken, um als „dritte Spieler" anspielbar zu sein.

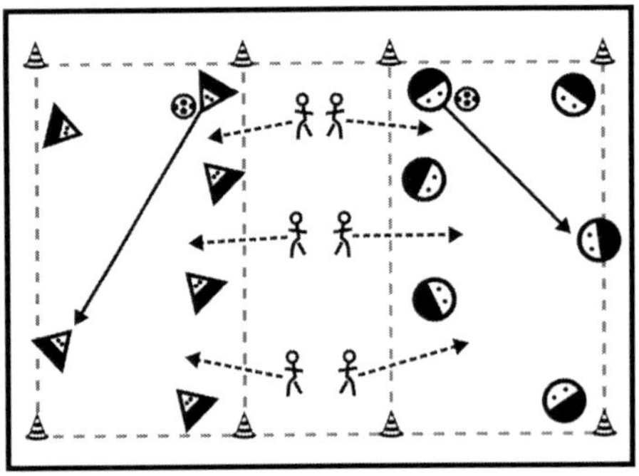

Organisation & Ablauf

Ein Feld (50 × 25 Meter) aufbauen und dritteln. Mittelzone (Breite: 12 Meter).

Drei 6er-Teams bilden und jedem Team ein Drittel zuweisen. In je eine Außenzone Team A und B mit Ball und in der Mittelzone Team C ohne Ball stellen.

Auf Trainersignal starten je drei Spieler von C in die Außenzonen und gehen dort auf Balljagd. Erobern Sie dort einen Ball oder Team A oder B spielen ins Seitenaus, wechseln sie sofort und komplett mit Ball zurück in die Mittelzone und spielen dort gegen je einen Spieler von A und B auf Ballhalten (6 gegen 2). Erobert einer der beiden Spieler den Ball, wird in eine Außenzone gepasst und der Trainer passt einen zweiten Ball in die andere Außenzone. Dann Ablauf wie zuvor.

Nach je fünf Minuten wechseln die Teams Aufgabe und Position.

Spieleranzahl: 12–18 Spieler. 4er-Teams bilden bzw. die Teams gleichmäßig vergrößern.

Wettbewerb: Team A und B erhalten für jedes Spiel zum Dritten einen Punkt. Bei welchem Team C wurden am Ende die wenigsten Punkte erzielt?

Tipp: Der Trainer steht mit ausreichend Ersatzbällen neben dem Spielfeld und spielt sofort neue Bälle rein.

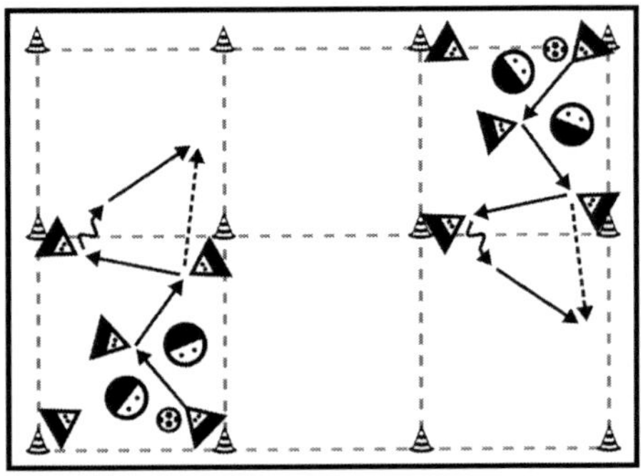

Organisation & Ablauf

Ein Feld (30 × 20 Meter) aufbauen und in sechs Bereiche (je 10 × 10 Meter) teilen.

Zwei Verteidiger in zwei Feldern postieren und die restlichen Spieler als Angreifer in diesen beiden Feldern aufteilen.

In beiden Feldern wird jeweils 4 gegen 2 bis 7 gegen 2 auf Ballhalten gespielt. Ab der fünften (sechsten) Passfolge darf in ein angrenzendes Feld gedribbelt bzw. zu einem Mitspieler gepasst werden. Alle anderen Spieler folgen ins neue Feld und dort nun gleicher Ablauf wie zuvor.

Nach drei Minuten Spielzeit neue Verteidiger bestimmen.

Spieleranzahl: 12–27 Spieler. Das Feld um zwei weitere Bereiche (10 × 10 Meter) vergrößern (40 × 20 Meter) und es wird nun gleichzeitig in drei Feldern auf Ballhalten gespielt.

Wettbewerb: Für jeden Felderwechsel erhalten die Überzahlspieler einen Punkt. Bis zum Ablauf der Zeit müssen sie 15 (20) erreichen. Ansonsten ist eine „Strafe“ zu absolvieren.

Variation: Direktspiel. Bei Felderwechsel sind 2 (3) Ballkontakte erlaubt.

Tipp: Passfolgen laut zählen. Geht der Ball ins Aus oder der Gegner berührt ihn, müssen die Passfolgen neu angezählt werden.

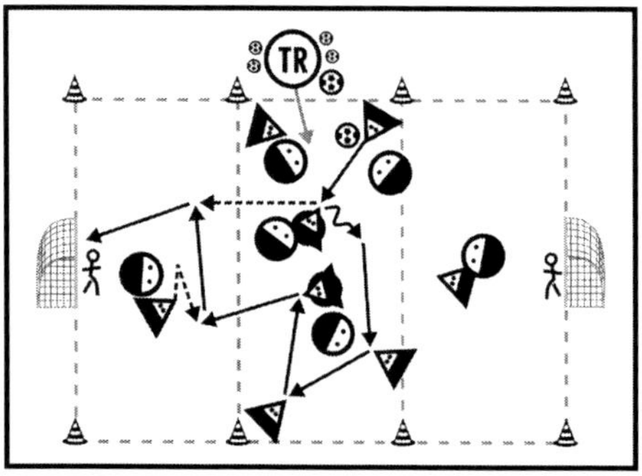

Organisation & Ablauf

Ein Feld (48 × 25 Meter) aufbauen und dritteln. Hinter den Stirnseiten je ein mit einem Torwart besetztes Tor aufstellen.

Zwei 6er-Teams bilden und ggf. Neutrale bestimmen. Je ein Spieler jedes Teams in beide Endzonen und die restlichen Spieler in die Mittelzone.

In der Mittelzone spielen die Teams auf Ballhalten gegeneinander. Ab der fünften Passfolge dürfen sie einen ihrer Mitspieler in eine der beiden Außenzonen anspielen. Der Spieler des jeweils anderen Teams wird zum Verteidiger. Ein Spieler des ballbesitzenden Teams darf in die Außenzone nachrücken. Direkt nach dem Pass in die Außenzone spielt der Trainer dem anderen Team einen Ball zu und diese dürfen direkt ihren Mitspieler in der anderen Zone anspielen.

Nach dem zweiten Torabschluss geht es in der Mittelzone mit Ballhalten weiter.

Spieleranzahl: 10–18 Spieler plus Torhüter. Die Spieleranzahl in der Mittelzone erhöhen. Mit Neutralen spielen.

Wettbewerb: Das erste Tor wird mit zwei Punkten belohnt und das zweite Tor mit einem Punkt.

Tipp: Ersatzbälle bereithalten. Auf eine maximal intensive Ausführung bestehen. Gegebenenfalls Pausen einbringen.

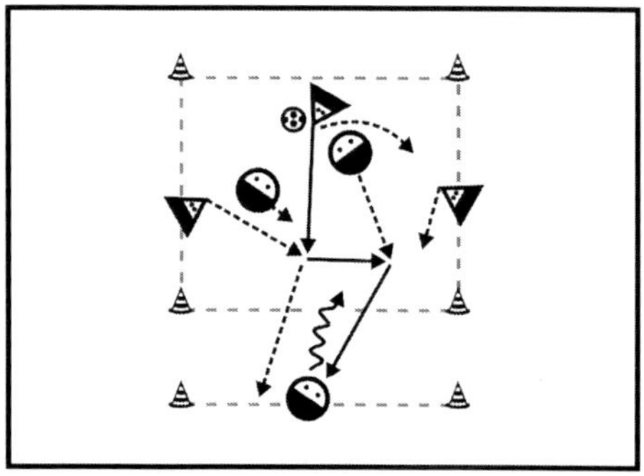

Organisation & Ablauf

Drei Quadrate (10 × 10 Meter) mit einer 5 Meter entfernten Wartelinie aufbauen.

Sechs 3er-Teams bilden.

Je Quadrat wird 3 gegen 2 auf Ballhalten gespielt. Ein Spieler des Unterzahl-Teams steht an der Wartelinie. Erobert das Unterzahl-Team den Ball, wird zum wartenden Spieler gepasst und dieser dribbelt ins Quadrat. Für ihn wechselt nun ein Spieler des Überzahl-Teams auf die Wartelinie. Für je 5 Passfolgen gibt es einen Punkt. Spielzeit: 4 Minuten.

Spieleranzahl: 12–24 Spieler. Bei 4er-Teams wird entweder 4 gegen 3 gespielt oder, falls ein 4er-Team auf ein 3er-Team stößt, wird bei Ballbesitz des 4er-Teams ebenfalls 4 gegen 3 gespielt und bei Ballbesitz des 3er-Teams befinden sich zwei Spieler auf der Wartelinie. In diesem Fall kommen nach einem Ballgewinn beide Spieler ins Feld und kein Spieler des 3er-Teams verlässt das Feld.

Wettbewerb: Das Sieger-Team steigt auf und das Verlierer-Team steigt ab.

Tipp: Das erste Unterzahlteam erhält einen Punkt Vorsprung. Das Team untereinander durchnummerieren, so dass immer der nächste Spieler nach einem Ballverlust zum wartenden Spieler wird.

A: Taktik

Pressing & Spielaufbau

Die Qualität einer Mannschaft setzt sich aus den Komponenten Technik, Einsatz und Taktik zusammen. Mit einem stimmigen mannschaftstaktischen Verhalten erreicht man eine höhere Leistungsstufe. In diesem Kapitel geht es um die wesentlichen Bereiche der Taktik, nämlich wie man defensiv in der Grundformation 4-4-2-Raute spielt und wie man das Spiel von hinten nach vorne sicher und effektiv aufbaut.

Ist der gegnerische TW in Ballbesitz, organisiert man sich zu einem sogenannten Pressing (Balleroberungsstrategie). Alle Feldspieler stehen zunächst im mittleren Spielfelddrittel deutlich nach innen eingerückt (Mittelfeldpressing). Man steht kompakt und bietet so gleichzeitig dem gegnerischen TW die kurze Spieleröffnung an. Mit dem Pass zum IV rückt das Team 3–5 Meter vor. Sobald der Gegner nun einen Querpass auf Schlagdistanz der Angreifer spielt, ist dies das Startsignal für die Balleroberung. Alle Spieler absolvieren dann abgesprochene Aktionen. Dabei bietet man dem Gegner eine Aneinanderreihung von freien Anspielstation an. Nimmt er diese an, ist der letzte Spieler dieser Reihe eingekreist und man kann den Ball aufgrund einer Überzahlsituation kontrolliert in der gegnerischen Spielfeldhälfte erobern.

Bevor der Gegner den Querpass nahe dem Mannschaftsverband spielt und man das Pressing startet, verschiebt man ballorientiert. Das Team soll immer kompakt zwischen Ball und eigenem Tor stehen. So werden Querpässe des Gegners provoziert. Sollte der gegnerische IV trotz dieser Kompaktheit vertikal in den Mannschaftsverband passen, so kann der Passempfänger, aufgrund der engen Abstände, direkt bei der Ballannahme gedoppelt werden.

Zielpunkt für die Balleroberung ist der gegnerische AV oder MA. Der ballnahe ST startet das Pressing mit einem Bogenlauf, in den Querpass der Verteidiger hinein. Durch das Schließen des Rückpasses und den Druck auf den Passempfänger provoziert er einen Pass zum freistehenden AV. Er läuft diesem Pass nach und attackiert AV von der Seite. Um den Ball direkt bei ihm zu erobern, attackiert MA ihn bei der Ballannahme (zuvor auf Schlagdistanz gehen). Alternativ schließt MA nur den Pass ins Zentrum und provoziert dadurch einen Pass zum freistehenden MA des Gegners. Der gegnerische MA wird dann mit dem Rücken zum Spiel von AV gestellt und MA doppelt nach hinten. Mit dem Bogenlauf des ST schieben alle Spieler deutlich zum Ball und decken alle zentralen Anspielstationen eng.

Das zweite große mannschaftstaktische Thema ist der Spielaufbau. Ziel ist es hier, den Ball flach und sicher vom TW ausgehend in die Offensive zu transportieren. Zur Schaffung von zusätzlichen offensiven Anspielstationen rücken 6er und AV den Vertikalpässen nach. MA, 10er und ST können den Ball dann auf sie klatschen lassen. Dieses Kapitel enthält vier Taktik-Spielformen, die den Schlussteil einer **A-Trainingseinheit** bilden. Die zwei Spielformen zum Spielaufbau finden in einer Trainingseinheit statt. Das „Standard-Abschlussspiel“ ist die Pressing-Spielform III.

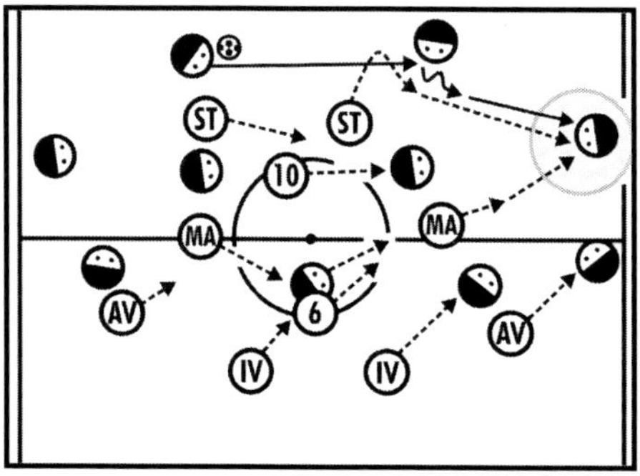

Pressing (4-4-2-Raute)

Das Team agiert als kompakter Mannschaftsverband. Hat der gegnerische TW den Ball, zieht es sich so weit zurück, dass ein gegnerischer IV angespielt wird.

Der Mannschaftsverband verschiebt ballorientiert. Im Zentrum steht man besonders kompakt. Der 10er schließt hinter den beiden ST Passwege ins Zentrum.

Das Pressing startet mit dem Querpass eines IV zum anderen nahe den ST.

Naher ST läuft mit dem Pass des IV den passempfangenen IV im Bogen an. Dabei stellt er den Rückpass zu, attackiert IV und provoziert einen Pass zum AV. Den Pass zum AV läuft ST mit höchstem Tempo nach und attackiert AV seitlich.

Zuvor hat sich der ballnahe MA auf Schlagdistanz zum AV begeben. Mit dem Pass zum AV attackiert er ihn ebenfalls.

Ballnaher AV deckt den gegnerischen MA eng. Ballferner MA rückt nach hinten-innen ein.

Gleichzeitig nehmen 6er und 10er Gegenspieler im Zentrum in Manndeckung. Werden diese angespielt, nicht aufdrehen lassen und höher postierte Spieler doppeln von hinten.

Die Abwehr agiert mutig nahe dem Mittelfeld. Rechtzeitig bei Gefahr eines Flugballs zurückweichen.

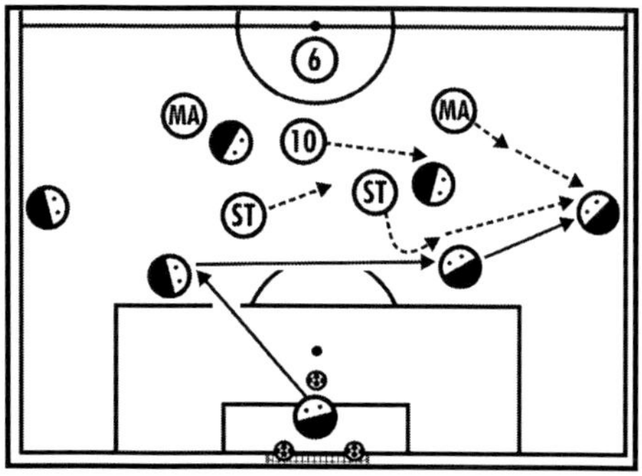

Pressing-Spielform I

Auf einer Spielfeldhälfte mit einem mit TW besetzten Großtor spielen.

Das verteidigende Coaching-Team spielt in einem 1-2-1-2 (Mittelfeldraute plus 2 ST) und das spielaufbauende Sparring-Team in einem 4-2-0.

Das Coaching-Team versucht mittels Pressing den Ball zu erobern und ein Tor zu erzielen. Das Sparring-Team hat das Ziel, über die Mittellinie zu dribbeln.

Einen zweiten Durchgang für andere Spieler organisieren.

Spieleranzahl: 12 Feldspieler plus TW.

Variation: Das Sparring-Team greift auf zwei innen stehende Minitore auf der Mittellinie an.

Tipp: Die beiden ST stehen gestaffelt zueinander und erschweren so dem Gegner ins Zentrum zu passen. Bei einem Pass eines IV zum anderen rückt der ballferne IV nach innen in die Tiefe ein.

Bei Spielverlagerungen auf den ballfernen AV muss der 10er viel Laufarbeit leisten. So lange wie dieser noch unterwegs ist, übernimmt der 6er den Gegner im Zentrum. Sobald der 10er da ist, wird der Spieler übergeben und der 6er kann wieder auf absichernde Position gehen.

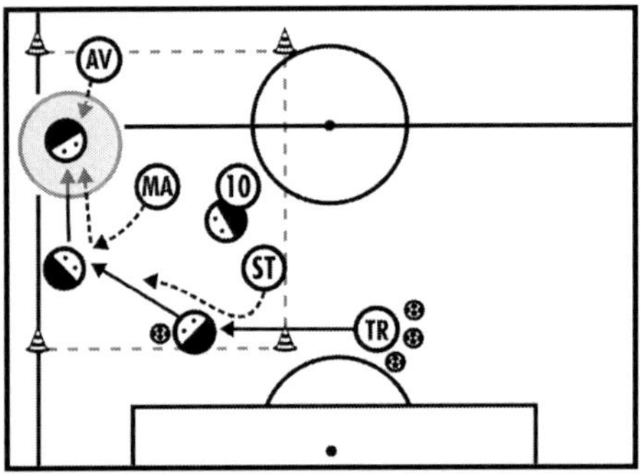

Pressing-Spielform II

Am Spielfeldrand ca. 25 Meter vor dem mit TW besetzten Großtor ein Feld (30 × 45 Meter) aufbauen.

Vier Verteidiger (IV, AV, 6er, MA) und 4 Angreifer (ST, 10er, MA, AV) bestimmen. Die Spieler postieren sich entsprechend ihrer Positionen. Es wird das Pressing auf einer Spielfeldseite simuliert.

Der Trainer spielt als „zweiter" IV einen Querpass zu IV. Ziel der Verteidiger ist es, über die Grundlinie des Felds zu dribbeln. Die Angreifer spielen Pressing und versuchen den Ball beim gegnerischen MA zu gewinnen und greifen dann auf das Großtor an. Bei jeder Spielunterbrechung Neustart beim Trainer.

Variation: Bei genügend Spielern auf beiden Spielfeldseiten gleichzeitig üben.

Tipp: Zunächst im Zentrum kompakt stehen. Mit dem Querpass zum IV ruft der 10er laut den Namen des ST. Dieser läuft in den Querpass hinein, setzt IV unter Druck und provoziert einen Pass zum freistehenden AV. MA läuft ihn so im leichten Bogen an, dass dieser zum freistehenden Gegner-MA passt. MA soll AV nicht zu aggressiv anlaufen, dass er ausgespielt werden könnte. Mit dem Pass zum Gegner-MA stellt AV ihn mit dem Rücken zum Spiel und MA doppelt sofort nach hinten. Kein Foulspiel von AV.

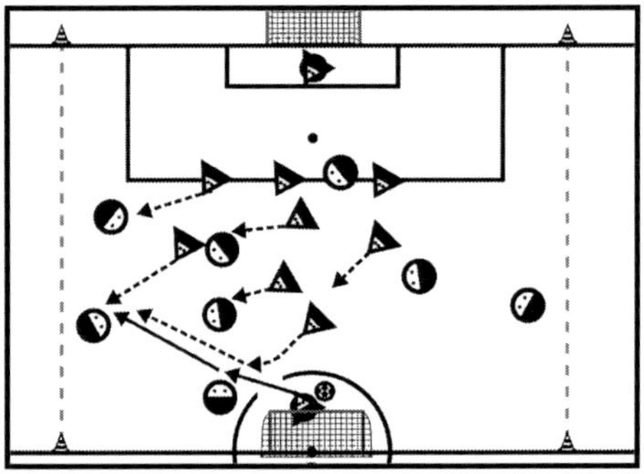

Pressing-Spielform III

Auf einer Spielfeldhälfte spielen. Das Feld seitlich verkleinern. Auf der Mittellinie ein zweites besetztes Tor stellen.

Zwei Teams agieren in der Grundformation 3-1-2-1-1 gegeneinander. Es wird auf einen zweiten IV und ST verzichtet.

Bei jeder Spielunterbrechung Spielaufbau beim TW der ballbesitzenden Mannschaft. Das verteidigende Team organisiert sich stets kompakt im mittleren Spielfelddrittel. Sie agiert ausschließlich nach zwei verschiedenen Taktiken: Entweder sie verschiebt nur seitlich und schließt ausschließlich den Raum zum eigenen Tor oder sie startet nach einem Querpass nahe dem ST ein Pressing.

Spieleranzahl: 16 Spieler plus zwei TW. Bei 14 Spielern Grundformation 3-3-1 und bei 12 Spielern 3-3-0. Bei nur einem TW ein Jugendtor ohne TW aufstellen und es zählen nur tornahe direkte Schüsse als Treffer.

Tipp: Das Team steht in ständiger Kommunikation zueinander: Damit sich alle Spieler am Pressing beteiligen und Spieler und Postionen übergeben werden. Wenn man anspielbar ist, rufen und Angespielte mit Klatsch und Dreh coachen. Klare Absprache, wer zum Ball geht (Kollisionen verhindern).

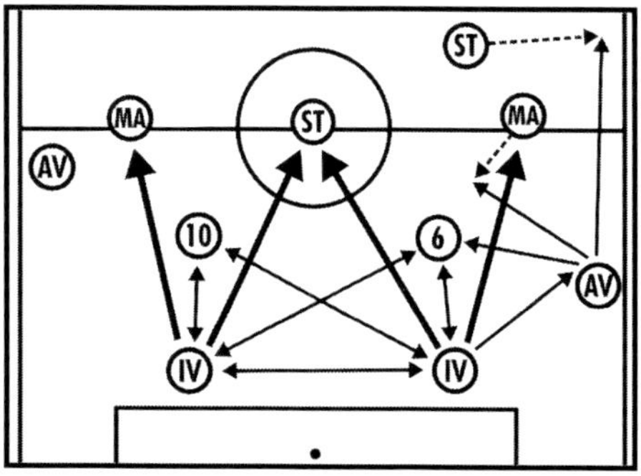

Spielaufbau (4-4-2-Raute)

IV gehen auf Strafraumbreite und bilden zusammen mit dem 6er und 10er ein „Passquadrat“. Ballnaher 6er/10er steht höher und ballferner 6er/10er tiefer. IV kann so diagonal passen.

AV schieben bis zur Mittellinie hoch, MA rücken nach innen ein und gehen auf Lücke. Ein ST geht zentral auf Lücke.

Der TW passt zu einem in offener Stellung stehenden IV. Beide IV, 6er und 10er kombinieren geduldig miteinander. Auf ein Aufdrehen der zentralen Spieler 6er, 10er oder MA hinarbeiten. Dann in den freien Raum dribbeln.

Stehen zentrale Spieler nach einem Zuspiel unter Gegnerdruck, diese mit „Klatsch“ coachen. Bei „Klatsch“ nach Möglichkeit Spiel zum Dritten.

Wird auf einen IV verlagert, geht der ballnahe MA direkt auf Lücke und startet dann einem Zuspiel entgegen.

Bei Bedarf kommt AV den IV entgegen und lässt sich anspielen. 6er oder 10er plus MA bieten sich dann im Zentrum an und der zweite ST zeigt sich longline.

Die vorderen Spieler befinden sich in offener Stellung und bekommen den Pass frontal zugespielt. Alle Pässe druckvoll, flach und ohne Zeitverlust spielen. Spielverlagerungen in den Lauf passen.

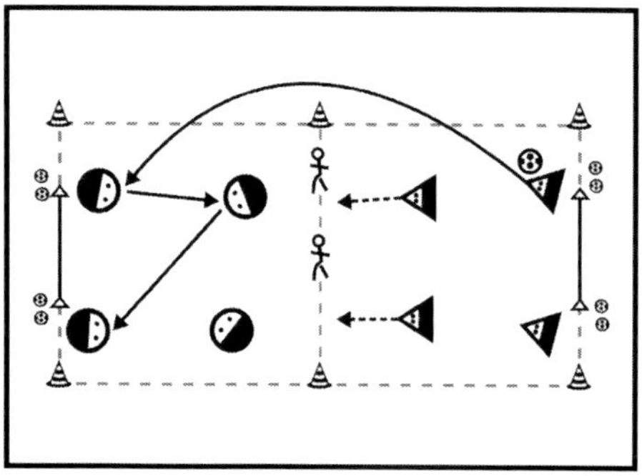

Spielaufbau-Spielform

Ein Spielfeld (40 × 25 Meter) mit Mittellinie und je einem Dribbeltor (Breite: 12 Meter) an den Stirnseiten aufbauen.

Zwei 4er-Teams bilden und zwei neutrale Spieler (ST) bestimmen. Die Teams spielen in der Grundformation 2-2-0. Für die Ballbesitzer ergibt sich dann immer ein 2-2-2.

Die Teams spielen gegeneinander auf die Dribbeltore. Bei jeder Spielunterbrechung gehen die Teams in ihren Hälften und ein IV des Teams, welches nicht im Ballbesitz ist, spielt einen Flugball zum IV des anderen Teams. Der angespielte IV nimmt den Ball an bzw. spielt oder köpft den Ball direkt zu einem 6er. Dann normales Spiel 4 gegen 4 plus 2.

Spieleranzahl: 9–11 Spieler. Mit einem oder drei Neutralen agieren.

Variation: Auf zwei mit TW besetzte Tore spielen. Ein mobiles Tor auf die Mittellinie. Die Spielfeldbreite beträgt dann 30 Meter. Direkt nach dem Flugball müssen die beiden 6er der Verteidiger in die gegnerische Hälfte und dort bis zur nächsten Spielunterbrechung bleiben.

Tipp: Die Neutralen bieten sich den IV hinter den 6ern oder im Halbfeld an.

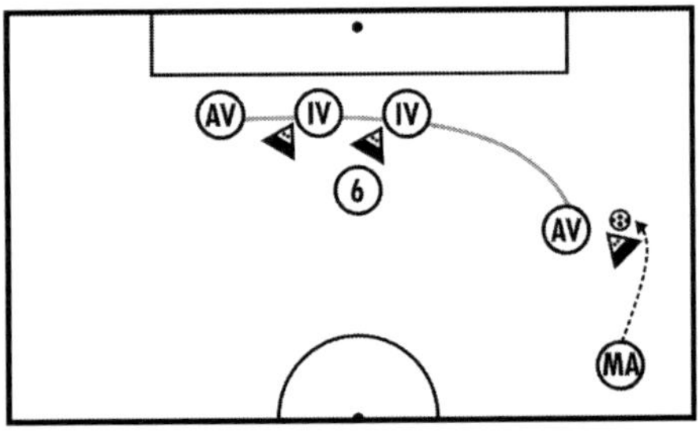

Ball außen: Die Viererkette orientiert sich nach außen. Bei zwei gegnerischen ST bleiben beide IV im Zentrum und AV doppelt zusammen mit MA oder 6er. Der 6er bleibt im Zentrum nahe den IV.

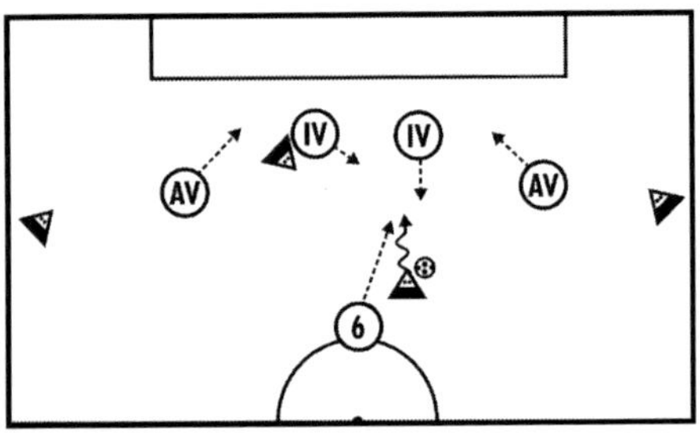

Ball zentral: Dribbelt ein Gegner auf die IV zu, tritt der ballnahe IV ab einer torgefährlichen Distanz vor. Die restlichen Verteidiger rücken nach innen ein, um Passwege zuzustellen. Der 6er setzt nach, um den Ball von hinten zu erobern.

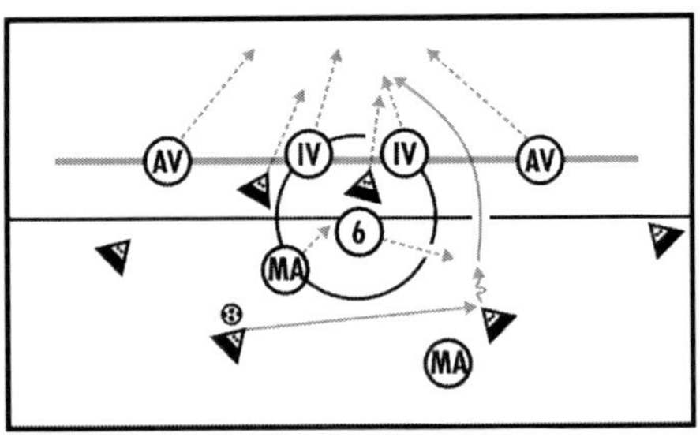

Höhe halten: Die Viererkette versucht so lange es geht ihre Höhe zu halten. Sie lässt sich aber zurückfallen, wenn der Gegner einen Flugball spielen könnte (Ball nicht unter Druck). Erfolgt dann kein Flugball, schiebt sie wieder vor.

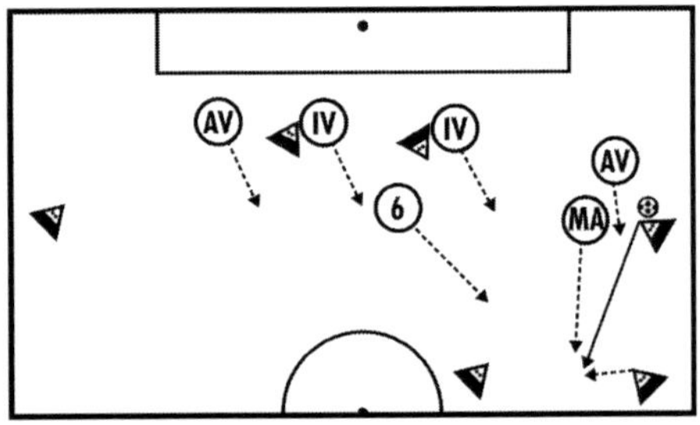

Vorschieben: Bei Rückpässen des Gegners, die dieser nicht direkt als Flugball spielen kann, rückt das komplette Team vor. Der Spieler mit dem kürzesten Weg setzt den Passempfänger unter Druck.

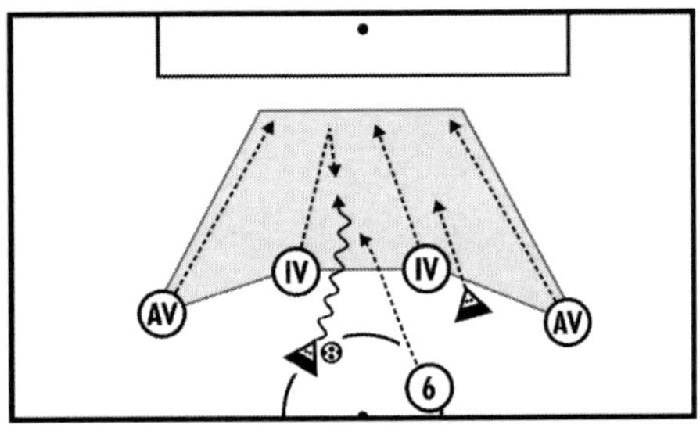

Fallen lassen: Die Viererkette lässt sich trichterförmig fallen, sobald ungestört auf sie zugedribbelt wird. In Tornähe (ca. 22 Meter) rückt der ballnahe IV vor und die anderen Verteidiger sichern ihn in der Tiefe ab. Der 6er setzt nach.

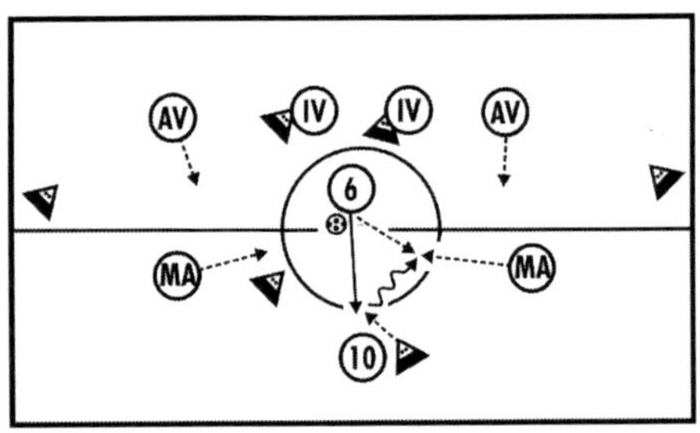

Umschalten nach Ballverlust: Befindet sich der 6er bei einem Ballverlust vor dem Ball, lassen sich die Verteidiger trichterförmig fallen. Befindet er sich dagegen hinter dem Ball, beteiligen sich alle Spieler an einer Ballrückgewinnung.

B: Pass in die Tiefe

Raumgewinn durch Vertikalpässe

Der Ball kann immer in drei verschiedene Richtungen gepasst werden: Zurück, Quer oder in die Tiefe. Ziel einer Fußballmannschaft ist es, das Spiel durch viel Ballbesitz zu kontrollieren und den Ball vor das gegnerische Tor zu transportieren. Der Gegner versucht Letzteres zu verhindern, indem er sich kompakt hinterm Ball formiert. So ist man zwar mit Rück- und Querpässen in der Lage, den Ball lange zu halten, jedoch ohne vor das gegnerische Tor zu kommen. Daher sollte ein Spieler jede sich bietende Gelegenheit nutzen, in die Tiefe zu spielen.

Um Gelegenheiten für einen solchen Vertikalpass zu erhalten, muss der Ball zuvor druckvoll und flach in die Vorwärtsbewegung eines Mitspielers verlagert werden. Der Gegner benötigt jetzt einige Sekunden, um wieder kompakt hinter den Ball zu kommen. Gelingt es dem Passempfänger, den Ball vor diesem Zeitpunkt zu kontrollieren und bietet sich gleichzeitig ein höher postierter Mitspieler an, kann man in die Tiefe passen. Die Vertikalpässe sollte man ebenfalls flach und maximal druckvoll spielen. Die Passempfänger orientieren sich immer vor und kennen daher mögliche Anspielstationen, noch bevor sie den Ball erhalten.

Befindet sich der höher postierte Mitspieler unter einem zu großen Gegnerdruck oder die Gasse zu ihm ist zu eng, verzichtet man auf ein Zuspiel und verlagert stattdessen zurück oder eine Position weiter. Vollkommen ohne Risiko kann und will man nicht auskommen. Um erfolgreich zu spielen, muss man sich jedoch zu etwa 90 Prozent sicher sein, dass der Ball ankommt. Falls man gegen einen aggressiv pressenden Gegner spielt, wird man zur Ballsicherung auch mal einen Rückpass spielen müssen. Dieser „resetet" den Spielaufbau und man kann sich wieder neu organisieren.

Schiebt der Gegner bei Spielverlagerungen schnell hinter die neue Ballposition, agiert man geduldig und verlagert wieder zurück. Schieben ist mühselig und es ist nur eine Frage der Zeit, bis sich ein Passweg in die Tiefe auftut. Grundvoraussetzung ist natürlich, dass sich die höher postierten Spieler nach einer Spielverlagerung direkt auf Lücke anbieten. Im Idealfall wird der höher postierte Spieler in der offenen Stellung angespielt und kann aufdrehen. Nach einem Vertikalpass bietet sich ein dritter Spieler direkt zum Klatschen-lassen an. Den Passempfänger muss man mit „Klatsch" oder „Dreh" coachen.

Dieses Kapitel enthält vier Trainingsformen zum Pass in die Tiefe. Zwei Technikübungen und zwei Spielformen. Mit einer der beiden Technikübungen wärmt sich die Mannschaft auf. Danach folgen die beiden Spielformen hintereinander. Sollte man zu viele Spieler für die Spielformen haben, so teilt man die Trainingsgruppe auf. Einige Spieler absolvieren dann die jeweils andere Technikübung oder ein Ballzirkulationsspiel aus dem Kapitel „El Rondo" von Seite 81. Es wird so gewechselt, dass alle Spieler in beiden Spielformen dieses Kapitels ausreichend lang aktiv waren.

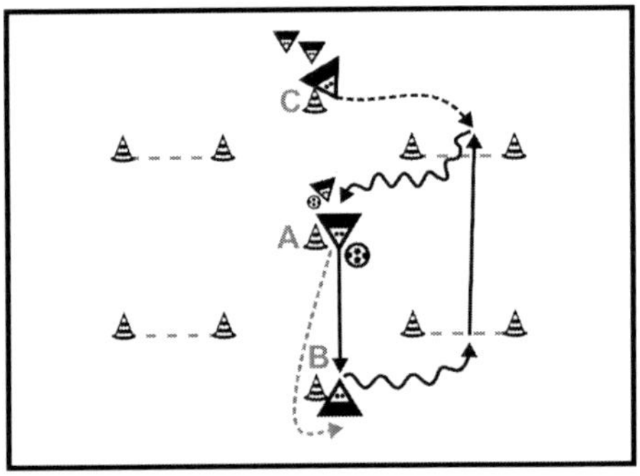

Organisation & Ablauf

Vier Hütchentore (Breite: 3 Meter) in einem Feld von 20 × 15 Metern (Tiefe: 20 Meter) und drei Positionen A, B und C entsprechend der Zeichnung aufbauen.

Zwei Spieler mit Bällen zu A, ein Spieler ohne Ball zu B und mindestens drei Spieler ohne Bälle zu C.

Spieler A passt zu B. Gleichzeitig wählt C eine Seite, zu der B den Ball mitnehmen soll. C läuft hinters entsprechende Hütchentor (eventuell mit Handzeichen arbeiten) und erhält von B durch beide Hütchentore einen Pass. C nimmt den Ball zur Position A an und mit.

A wechselt zu B, indem er Hütchen B umläuft. Sobald B das Hütchen umlaufen hat, startet die nächste Aktion. B folgt seinem Pass zu C.

Spieleranzahl: 4–8 Spieler. Die Position A nur einfach besetzen.

Wettbewerb: Welches Team spielt in 4 Minuten mehr Vertikalpässe?

Variation: Für den Weg von B nach C eine Koordinationsleiter auslegen.

Tipp: Mit dem äußeren Fuß passen. B absolviert, mit dem Pass von A, eine Auftaktbewegung in die Gegenrichtung.

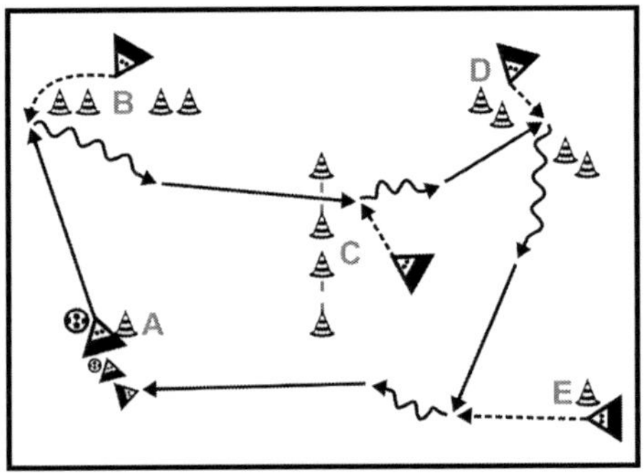

Organisation & Ablauf

In einem Feld (20 × 14 Meter) zwei zentrale Hütchentore C, zwei Hütchenreihen mit Lücke B / D und zwei Hütchen A / E aufstellen.

Hinter den beiden Hütchenreihen, hinter den Hütchentoren und ans Hütchen E jeweils einen Spieler ohne Ball stellen. 3–5 Spieler mit Bällen zu A. Der letzte Spieler A ohne Ball.

B löst sich seitlich aus dem Deckungsschatten der Hütchen und erhält von A einen Pass. Diesen nimmt er Richtung der Hütchentore mit, C zeigt sich wahlweise hinter einem der beiden Hütchentore und erhält ein Zuspiel. Er absolviert eine Ballan- und -mitnahme nach hinten, D geht auf „Lücke" und erhält von C einen Pass. D dribbelt Richtung E und spielt diesen in der Tiefe an. E passt zum letzten Spieler A.

Alle wechseln eine Position weiter.

Spieleranzahl: 7–9 Spieler.

Wettbewerb: Pässe zu A zählen.

Variation: Gegenüber der Position E ein Tor stellen und E kommt mit dem zweiten Ballkontakt zum Torabschluss.

Tipp: Freilaufbewegungen so timen, dass man als Passempfänger nicht zum Stehen kommt.

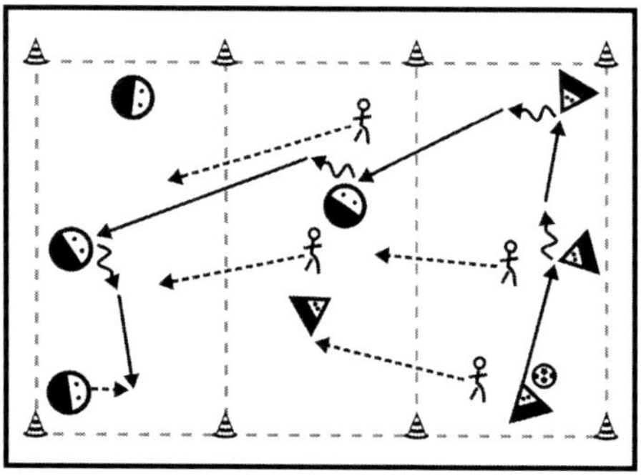

Organisation & Ablauf

Ein Feld (30 × 25 Meter) in drei gleichgroße Zonen (10 × 25 Meter) teilen.

Drei 4er-Teams bilden. Einem Team, wie jeweils einem Spieler der anderen beiden Teams, die Mittelzone zuweisen. Drei Spieler eines Teams in den Endzonen.

Die beiden Angreifer-Teams der Endzonen spielen gegen das Verteidiger-Team aus der Mittelzone auf Ballhalten. Alle Angreifer müssen in ihren Zonen bleiben. Zwei Verteidiger bleiben immer in der Mittelzone und zwei Verteidiger gehen auf Balljagd in eine Endzone. Die Angreifer versuchen ständig von einer Endzone in die andere zu verlagern. Es darf nicht direkt zurückverlagert werden. Nur flache Pässe spielen.

Spieleranzahl: 12–15 Spieler. Bei 5er-Teams in den Endzonen 4 gegen 2 oder 4 gegen 3 spielen.

Wettbewerb: Für jeden Pass von Endzone zu Endzone gibt es einen Punkt. Gewinnt Unterzahl den Ball, halten sie ihn so lange sie können. Spielzeit: Drei Minuten. Gegen welches Verteidiger-Team werden die wenigsten Punkte erzielt?

Tipp: Flache und druckvolle Pässe spielen. Die Angreifer der Mittelzone haben eine offene Stellung. Vororientierung für ein schnelles Passspiel. Komplette Breite des Feldes nutzen.

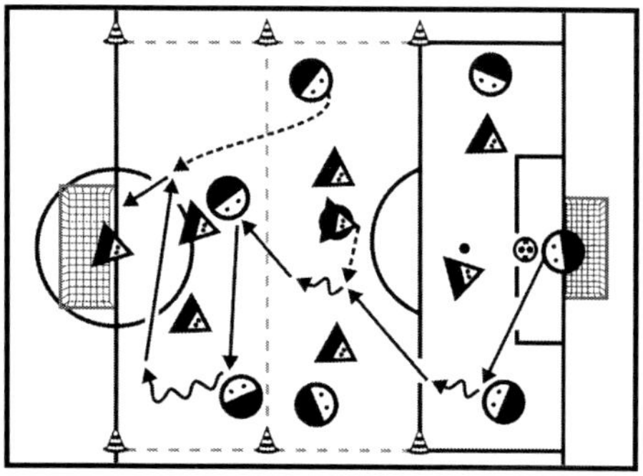

Organisation & Ablauf

Ein Feld bis zur Mittellinie und auf Strafraumbreite markieren und in drei gleich große Zonen unterteilen. Zwei mit Torhütern besetzte Tore aufbauen.

Zwei 6er-Teams bilden und einen neutralen Spieler bestimmen. Je zwei Verteidiger und Angreifer in die Endzonen und je zwei Mittelfeldspieler plus den Neutralen in die Mittelzone stellen.

Die beiden Teams spielen gegeneinander. Alle Spieler agieren zunächst in ihren Zonen. Spielt ein Team in die Endzone zu einem Angreifer, darf ein Mitspieler aus der Mittelzone in die Endzone nachrücken. Nach einer Spielunterbrechung alle wieder auf Ausgangsposition.

Spieleranzahl: 12–15 Spieler plus Torhüter. Ohne Neutralen spielen. In der Mittelzone 3 gegen 3 oder 3 gegen 3 plus einen Neutralen spielen.

Wettbewerb: Welches Team gewinnt das Spiel?

Variation: Wird ohne Neutralen gespielt, darf nach einem Pass in die nächste Zone immer ein Spieler nachrücken.

Tipp: Wann immer es geht, in die Tiefe passen. Rechtzeitig vom Gegner lösen. Zielstrebig agieren. Spielaufbau mit dem TW als zentralen Spieler absolvieren.

B: Torchancen erspielen

Räume erkennen & nutzen

Der Großteil heutiger Amateur- und Jugendteams spielt Kick and Rush. Torchancen entstehen da nach dem Zufallsprinzip. Man ist auf ein schlechtes Stellungsspiel, athletische Nachteile und technische Fehler der Verteidiger angewiesen. Agiert ein Team im Kombinationsfußball, profitiert es nicht nur von diesen gegnerischen Defiziten, sondern ist zusätzlich noch befähigt, sich Torchancen aufgrund der eigenen spielerischen Qualität zu erspielen. Trainingsinhalte zur Leistungssteigerung können so exakt bestimmt werden.

Mit dem Kombinationsfußball will man zur Steigerung der Dominanz hohe Ballbesitzzeiten erreichen. Damit dies gelingt, spielt man ausschließlich flache und genaue Pässe; solche Pässe, die schnell und einfach zu verarbeiten sind. Dies ist, zusammen mit der Vororientierung, die Voraussetzung für den sicheren Weitertransport des Balls. Man zielt auf Spielverlagerungen hin, die mit etwas Geduld zu Lücken in den gegnerischen Mannschaftsverband führen.

Entstehende Lücken sollten konsequent für ein Spiel in die Tiefe genutzt werden. Höher positionierte Spieler bieten sich dem Ballführenden in Gassen an. Schrittweise gelangt man so zum gegnerischen Tor. Ziel ist es, einen Mitspieler vor der gegnerischen Abwehr anzuspielen. Kann dieser aufdrehen, ist man in der Lage, einen in die Tiefe startenden Angreifer anzuspielen. Man spricht von einer erspielten Torchance, wenn man hinter der gegnerischen Abwehr in Ballbesitz oder zum Torabschluss kommt.

Um sich eine Torchance zu erspielen, agieren die Angreifer zunächst maximal tief bei den Verteidigern. Sie suchen den Rücken der Abwehr nach möglichen Zielräumen ab, stellen Blickkontakt mit dem Ballführenden her und fordern ein Zuspiel durch die Viererkette in den Zielraum. Wird keine diesbezügliche Möglichkeit gefunden, beteiligen sich die Angreifer am Kombinationsspiel ihrer Mannschaft. Ein Stürmer kommt dem Ballführenden entgegen, lässt den Ball klatschen (ideal zum Dritten) und startet wieder tief. Sobald der eine Stürmer entgegenstartet, läuft der andere auf seine Position und fordert ein Zuspiel. Entgegenstartende Spieler werden oft von ihren Gegenspielern verfolgt, damit diese nach einem Pass nicht aufdrehen können.

Mit den folgenden Trainingsformen lässt sich das Erspielen von Torchancen verbessern. Man hält eine Übungs- und drei Spielformen hintereinander ab. Bei den Spielformen können Spieler übrig bleiben. Diese absolvieren ein Ballzirkulationsspiel aus dem Kapitel „El Rondo“ von Seite 81. Es werden jeweils zweite Durchgänge organisiert, damit sich alle Spieler im Erspielen von Torchancen verbessern. Für einen unterbrechungsfreien Trainingsablauf sollte der Trainer sich vorab notieren, wer bei welcher Spielform zuerst mitspielt, auf welcher Position und wie man wechseln wird.

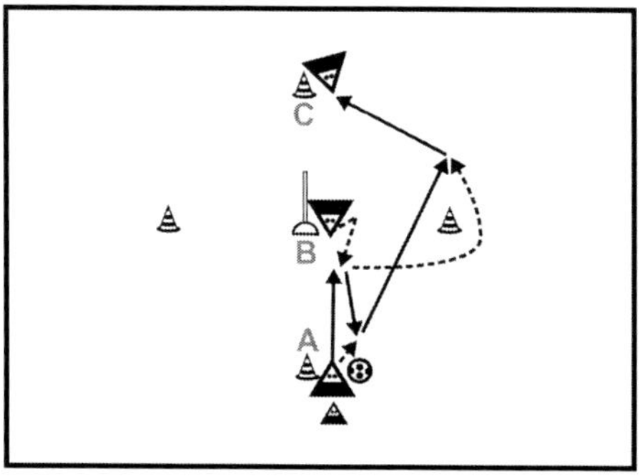

Organisation & Ablauf

Drei Positionen (A, B und C) im Abstand von 12 Metern in eine Reihe stellen. Jeweils 8 Meter links und rechts von C eine weitere Position markieren.

Zwei Spieler mit einem Ball zum Starthütchen A. Die Positionen B und C einfach besetzen.

Spieler B kommt nach einer Auftaktbewegung A entgegen. A passt in den linken Fuß von B und B lässt zurückklatschen. Direkt im Anschluss startet A einen Bogenlauf (offen zum Ball bewegen) um das äußere Hütchen und erhält von A einen Pass in die Tiefe. B passt direkt zu C weiter. Jetzt gleicher Ablauf von C um dasselbe äußere Hütchen.

A wechselt nach B, B nach C und umgekehrt.

Spieleranzahl: 4–6 Spieler. Weitere Spieler zu den Positionen A und C.

Wettbewerb: Welche Gruppe spielt in 4 Minuten häufiger in die Tiefe zu B?

Variation: Gleicher Ablauf um das andere äußere Hütchen.

Tipp: B steht offen und lässt immer leicht in den Raum Richtung Spielfortsetzung klatschen. Den Pass in die Tiefe entsprechend der Abseitsregel optimal timen. Nicht zu steil spielen.

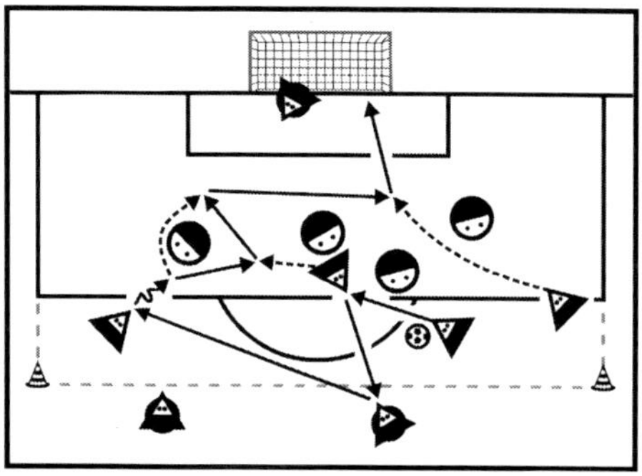

Organisation & Ablauf

Vor dem besetzten Großtor ein Spielfeld (40 × 20 Meter) markieren.

Zwei 4er-Teams und zwei Neutrale bestimmen. Die Teams gehen ins Feld und die Neutralen hinter die Grundlinie.

Es wird 4 gegen 4 auf das Großtor gespielt. Die Neutralen spielen mit der ballbesitzenden Mannschaft und haben maximal zwei Ballkontakte. Immer nur ein Team hat Angriffsrecht und darf ein Tor erzielen. Die Angreifer starten von der Grundlinie aus gegen einen als Viererkette agierenden Gegner. Abseits beachten. Erobern die Verteidiger den Ball, starten die Neutralen ins Feld und es wird zusammen mit dem Torwart auf Ballhalten (7 gegen 4) gespielt. Bei 10 Passfolgen wechselt das Angriffsrecht.

Spieleranzahl: 7–11 Spieler plus Torwart. 3er-Teams bilden. Die Anzahl der Neutralen variieren.

Variation: In einem doppelten Strafraum auf zwei Toren spielen. Die Neutralen agieren als ST mit den Ballbesitzern. Somit ergibt sich ein 1-2-1-2 gegen eine Viererkette. Treffer nach einem Spiel über den Dritten zählen doppelt.

Tipp: Möglichst die Außenspieler in die Tiefe anspielen.

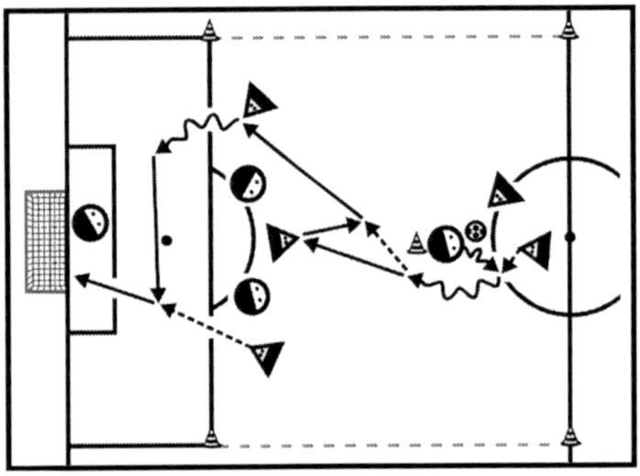

Organisation & Ablauf

Ein Spielfeld von Strafraumbreite bis zur Mittellinie markieren. 15 Meter vor der Mittellinie ein Hütchen stellen.

Fünf Angreifer und drei Verteidiger bestimmen. Die Verteidiger agieren im 2-1-0- und die Angreifer im 0-2-3-System.

Der 6er des Verteidiger-Teams steht mit Ball am Hütchen und versucht an die beiden Angreifer-6er vorbeizudribbeln. Die Angreifer-6er doppeln und kontern bei Ballgewinn auf das Großtor. Der Verteidiger-6er setzt nach. Abseits beachten.

Bei jeder Spielunterbrechung Neubeginn der Übung.

Spieleranzahl: 8–14 Spieler. Bei mehr als 8 Spielern zusätzliche 6er bestimmen, die zunächst hinter der Mittellinie stehen und nach jeder Aktion mit den aktiven 6ern wechseln. Nach Angriffsende starten sofort die nächsten 6er in die Übung.

Wettbewerb: Die Angreifer erhalten für ein Tor einen Punkt. Die Verteidiger punkten, indem sie innerhalb des Mittelkreises über die Mittellinie dribbeln.

Tipp: Beim Doppeln startet der ballnahe 6er in seitliche Stellung vor und steuert den Dribbler auf den tiefer stehenden 6er. Nach der Balleroberung schnell kontern und versuchen einen Außenspieler in der Tiefe anzuspielen.

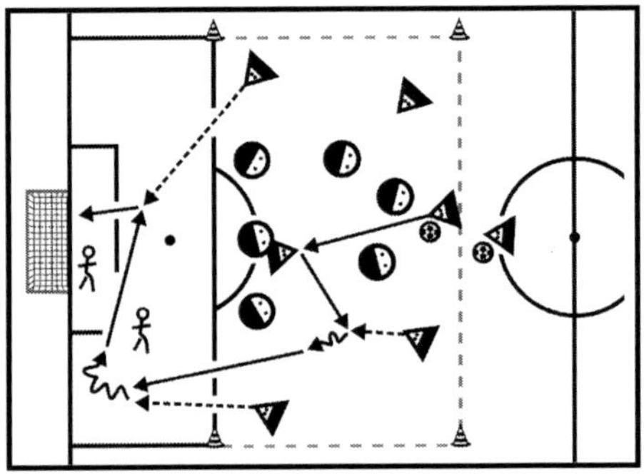

Organisation & Ablauf

Ein Spielfeld (40 × 45 Meter) aufbauen.

Zwei 6er-Teams (Grundformation 3-3) Angreifer und Verteidiger bilden und zwei Torhüter bestimmen. Ein Torwart geht ins Tor und der zweite Torwart agiert im Strafraum als Verteidiger.

Es wird 6 gegen 6 gespielt. Bei jeder Spielunterbrechung Neustart beim Defensiv-Zentralen der Angreifer. Das Verteidiger-Team darf nicht den Strafraum betreten. Es gilt die Abseitsregel.

Die beiden Torhüter wechseln nach jedem Angriff Position und Aufgabe.

Spieleranzahl: 12–14 Spieler plus 2 Torhüter. Steht nur ein Torwart zur Verfügung, agiert ein Feldspieler fest als Verteidiger. Die Position des Defensiv-Zentralen der Angreifer doppelt besetzen.

Wettbewerb: Das Verteidiger-Team erhält einen Punkt, indem sie über die Grundlinie dribbelt, und das Angreifer-Team, indem sie ein Tor erzielt.

Variation: In einer zweiten Halbzeit wechseln die Teams ihre Aufgabe.

Tipp: Zielstrebig und mit vielen Spielverlagerungen spielen. Einen Pass in die Tiefe zu einem Außenspieler anstreben. Die Offensivspieler des Angreifer-Teams binden sich im Kombinationsspiel ein.

B: Doppeln

Zentrum, Flügel & nach hinten

Trotz aller Bemühungen, den Ball sicher in den eigenen Reihen zu halten, lässt sich ein gegnerischer Ballbesitz nicht vollkommen vermeiden. Dieser Umstand ist keine Tragödie, sondern sollte als Chance gesehen werden, den Ball kontrolliert und in einem defensiv ungeordneten Zustand des Gegners zu gewinnen. Der erste Schritt zum Ballgewinn ist das richtige Verhalten im Moment des Ballverlustes. Entweder versucht man den Ball innerhalb von drei Sekunden zurückzugewinnen oder erzeugt Kompaktheit vor dem eigenen Tor, indem man geschlossen zurückweicht.

Die Spielsituation entscheidet über das Handeln. Beim Eintreten einer der folgenden Faktoren versucht man den Ball direkt zurückzugewinnen: Ballverlust im Offensivdrittel, Überzahl in Ballnähe oder der Gegner steht mit dem Rücken zum Spiel. Man weicht geschlossen zurück, wenn der Gegner frontal auf die Viererkette zudribbelt oder der Ballführende ohne Druck offen zum Spiel steht. Durch das Zurückweichen verhindert man einen Pass in den Rücken der Abwehr bzw. verlangsamt das Dribbeltempo des Gegners. Mittelfeldspieler setzen dann nach und erobern den Ball von hinten.

Ziel bei gegnerischem Ballbesitz ist es immer, den Ball kontrolliert zu gewinnen. So hat man den Ball direkt am Fuß und kann einen direkten Gegenangriff gegen einen aufgefächerten Gegner starten. Damit dies gelingt, sollen immer zwei Spieler mit dem kürzesten Weg sich zum Ballführenden bewegen und diesen ohne Foulspiel attackieren. Kann man den Gegner dagegen nur mit einem Spieler attackieren, versucht man zumindest den Angriff abzuwehren bzw. zu verzögern. Ein direkter Gegenangriff ist dann schwer umsetzbar.

Den ballführenden Gegner zu zweit zu attackieren wird als Doppeln bezeichnet. Das korrekte Verhalten der Verteidiger entscheidet über Erfolg und Misserfolg der Aktion. Je nach Spielsituation müssen sie anderes agieren. Ihr Verhalten machen sie davon abhängig, ob sich der ballführende Gegner im Zentrum, am Flügel, offen oder geschlossen zum Spiel befindet.

Dribbelt der Gegner im Zentrum frontal auf zwei Spieler des Verteidiger-Teams zu, rückt der ballnahe Spieler so in seitlicher Stellung heraus, dass er die Ballseite verstellt und damit den Angreifer auf den tiefer postierten Mitspieler lenkt. Sobald der Angreifer sich den Ball in den vermeintlich freien Raum vorlegt, tritt der tiefer stehende Spieler heraus und erobert den Ball.

Dribbelt der Gegner dagegen am Flügel auf den AV zu, rückt AV zunächst zur Verkürzung des Abstandes vor und weicht dann im Tempo des Angreifers zurück. Dabei befindet er sich so in seitlicher Stellung, dass er dem Gegner die Außenbahn zum Durchbruch anbietet. Der Spieler mit dem kürzesten Weg kommt zum Doppeln dazu. Wurde der Gegner aus dem Zentrum angespielt, wird es MA sein, und wurde er von außen angespielt, wird es der 6er sein. Bei zentraler Ballposition ist der 6er im Zentrum gebunden und bei einer äußeren Ballposition sollte der 6er zur Ballseite verschoben haben.

Hat der 6er den kürzeren Weg zum AV (Pass von außen), so postiert er sich 3–4 Meter diagonal hinter ihm auf der Torseite. Sobald der 6er diese Position erreicht, wechselt AV die seitliche Stellung so, dass er dem Gegner jetzt die Innenbahn Richtung 6er zum Durchbruch anbietet. Sobald sich der Angreifer den Ball innen am AV vorbeilegt, attackiert AV ihn von der Seite und der 6er tritt zum Ballgewinn heraus.

Hat dagegen MA den kürzeren Weg zum AV (Pass aus dem Zentrum), verkürzt AV wie zuvor erst den Abstand, verzögert durch Zurückweichen und bietet die Außenbahn zum Durchbruch an. MA muss jetzt den Dribbelfuß des Angreifers erkennen. Dribbelt dieser mit seinem äußeren Fuß, umläuft MA den Angreifer außen herum und attackiert den Ball. Dribbelt der Angreifer dagegen mit seinem inneren Fuß, geht MA direkt auf den Ball. Weil MA von hinten kommt, ist er für den Angreifer kaum wahrnehmbar.

Man sollte aber darauf hinarbeiten, den angespielten Gegner so oft es geht mit dem Rücken zum Spiel zu stellen (geschlossene Stellung). Dies schränkt den Bewegungsraum des Angespielten enorm ein und bietet eine sehr gute Gelegenheit, den Ball zu gewinnen. Wird also der nahe Gegenspieler angespielt, rückt man sofort an ihn heran, um ein Aufdrehen zu verhindern. Dazu postiert man sich eng in seinem Rücken, aber ohne Körperkontakt und leicht seitlich versetzt Richtung Passgeber. Der nächst höher postierte Mitspieler soll diese Situation erkennen und sofort auf den Ball am Fuß des Angespielten gehen. Entweder er gewinnt direkt den Ball oder zwingt den ballführenden Gegner zum Aufdrehen in den Verteidiger hinein. Im Moment des Aufdrehens geht der Verteidiger zum Ball und dribbelt nach vorne weg. Der Verteidiger bleibt auch im Rücken des Angreifers, wenn er nach hinten wegdribbelt oder hinterlaufen wird.

Agiert der Gegner mit nur einem ST, kann auch der ballnahe IV mit dem AV doppeln. In diesem Fall reicht es, wenn ein IV zusammen mit dem ballfernen AV im Zentrum bleibt. Der AV bietet dem Angreifer auch hier den Durchbruch außen an. Der IV schiebt heran und postiert sich diagonal hinterm AV (leichte Tiefenstaffelung). Der Abstand zum AV wird so gewählt, dass er einen vom Angreifer außen vorbeigelegten Ball ablaufen oder blocken kann, aber gleichzeitig auch den Angreifer, wenn er sich den Ball innen vorbeilegt, attackieren kann.

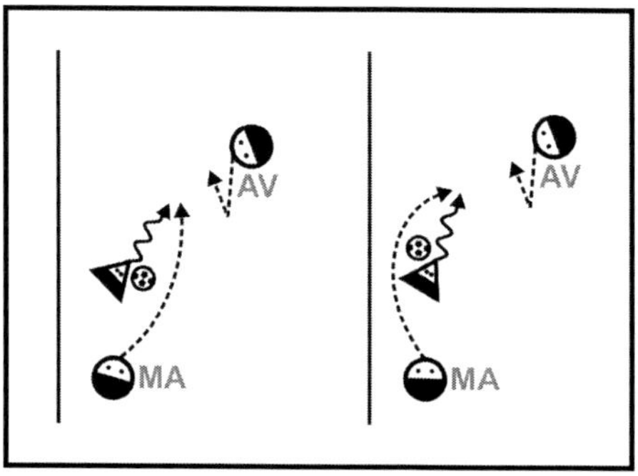

Doppeln am Flügel: Gegner ist aufgedreht. AV doppelt zusammen mit MA. Wird mit rechts oder links gedribbelt?

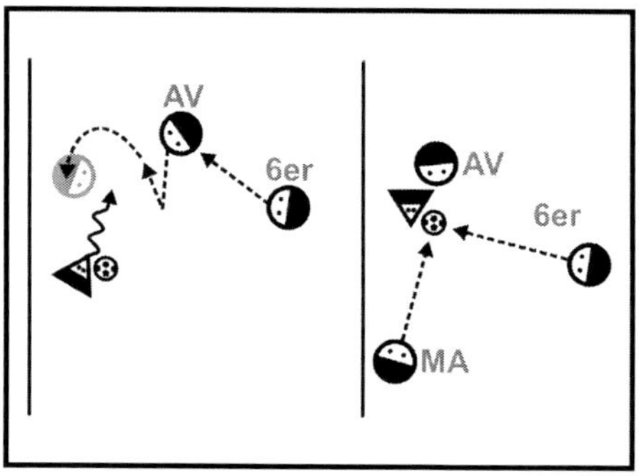

Doppeln am Flügel: Der Gegner wird nach innen auf den 6er gelenkt. Rechts: Gegner steht mit dem Rücken zum Spiel. 6er oder MA gehen direkt auf den Ball.

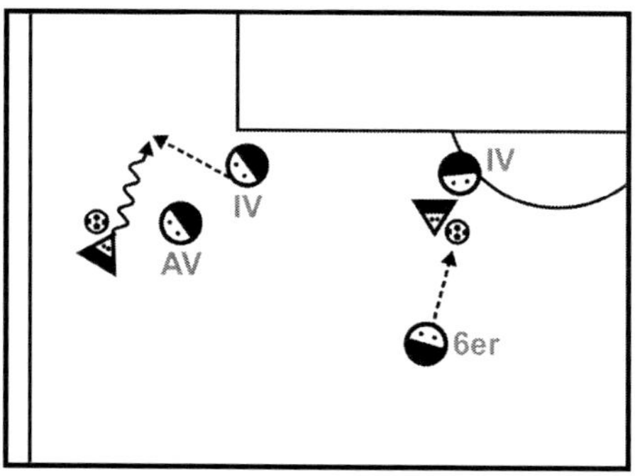

IV doppelt: IV schiebt durch, um mit AV zu doppeln. Zentrum: Gegner wird mit Rücken zum Spiel gestellt. Mitspieler geht zum Ball und zwingt zur Aktion.

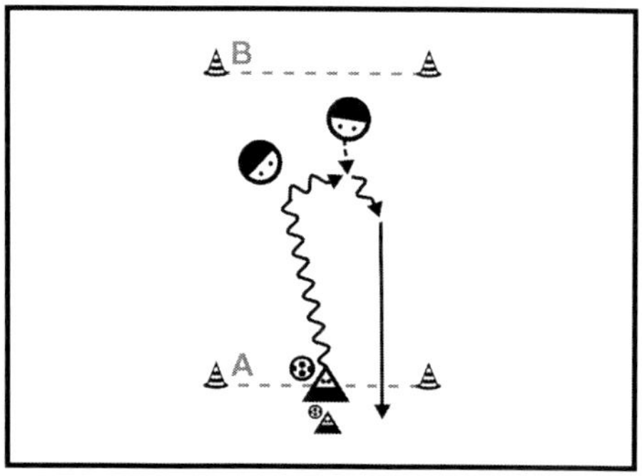

Organisation & Ablauf

Ein Feld (15 × 10 Meter) markieren.

Zwei 2er-Teams bilden und je einer Grundlinie zuweisen. Ein Team hat Bälle und ist zunächst Angreifer.

Der erste Angreifer dribbelt Richtung gegnerische Grundlinie und versucht diese zu überdribbeln. Die beiden Verteidiger doppeln den Angreifer und passen im Falle eines Ballgewinns über die gegnerische Grundlinie.

Nach zwei Angriffen (jeder Spieler einmal) werden die Aufgaben gewechselt.

Spieleranzahl: 3–6 Spieler. Bei drei Spielern ist immer ein Spieler für drei Aktionen Angreifer. Ab fünf Spielern 3er-Teams bilden. Dann drei Angriffe in Folge und ein Verteidiger pausiert immer je Angriff.

Wettbewerb: Welches Team überdribbelt häufiger die gegnerische Grundlinie?

Tipp: Die Verteidiger rücken zur Verkürzung des Abstands vor. Der Verteidiger auf der Ballseite geht in offene Stellung und steuert den Angreifer auf den tiefer stehenden Verteidiger.

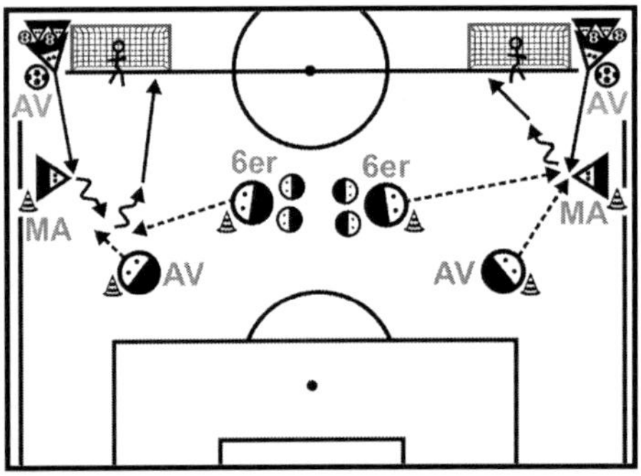

Organisation & Ablauf

Eine komplette Hälfte nutzen. Jeweils außen auf die Mittellinie ein Tor stellen. Für jedes Tor vier Positionen markieren: Neben dem Tor für den Angreifer-AV, 15 Meter weiter für den Angreifer-MA und dann zwei Positionen für die Verteidiger-AV und Verteidiger-6er.

Die Trainingsgruppe in etwa zwei gleich große Mannschaften entsprechend ihrer Spielpositionen teilen. Die Angreifer-AV haben alle Bälle.

Auf beiden Seiten wird parallel und unabhängig voneinander gespielt. Angreifer-AV passt zu Angreifer-MA. Mit der Ballannahme von Angreifer-MA werden Verteidiger-AV und Verteidiger-6er aktiv und versuchen den Ball zu erobern und auf das nahe Tor zu kontern.

Nach den Aktionen wechseln die Spieler eines Teams untereinander die Position oder bleiben auf ihren Spielpositionen.

Spieleranzahl: 4–24 Spieler plus 3 TW.

Wettbewerb: Schießen die Angreifer oder Verteidiger mehr Tore?

Variation: Verteidiger-AV startet mit dem Pass des Angreifer-AV Richtung Angreifer-MA, um ihn mit dem Rücken zum Spiel zu stellen. Verteidiger-6er agiert jetzt als MA von der Position des Angreifer-AV und doppelt nach hinten.

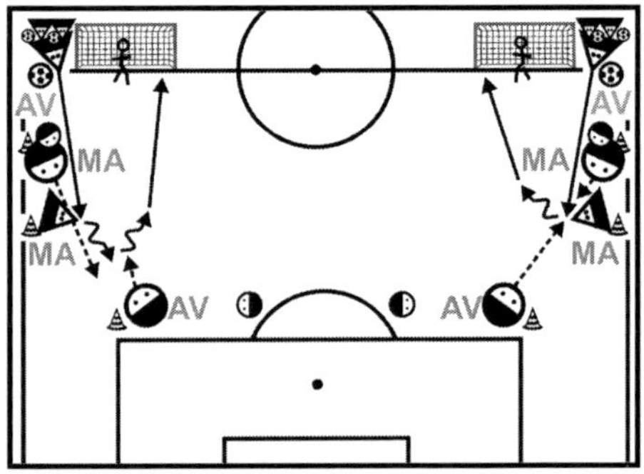

Organisation & Ablauf

Gleicher Aufbau wie zuvor. Jedoch wird anstatt der Position für den Verteidiger-6er eine Position für den Verteidiger-MA markiert. Siehe Variation der vorherigen Übung.

Die Spieler entsprechend ihrer Spielpositionen aufteilen und stellen.

Jetzt doppelt der Verteidiger-MA zusammen mit dem Verteidiger-AV den Angreifer-MA. Die Verteidiger starten erst, wenn der Angreifer-MA den Ball angenommen hat.

Spieleranzahl: 4–24 Spieler plus 3 TW.

Wettbewerb: Schießen die Angreifer oder Verteidiger mehr Tore?

Variation: Verteidiger-AV darf nun schon mit dem Pass des Angreifer-AV Richtung Angreifer-MA starten, um ihn mit dem Rücken zum Spiel stellen zu können.

Tipp: Zunächst hat man die Doppel-Situation, dass der Gegner frontal auf AV zudribbelt. MA muss den Dribbelfuß erkennen und dann entsprechend handeln. Bei der Variation stellt AV den gegnerischen MA mit dem Rücken zum Spiel und ein Mitspieler aus einer höheren Position geht direkt auf den Ball.

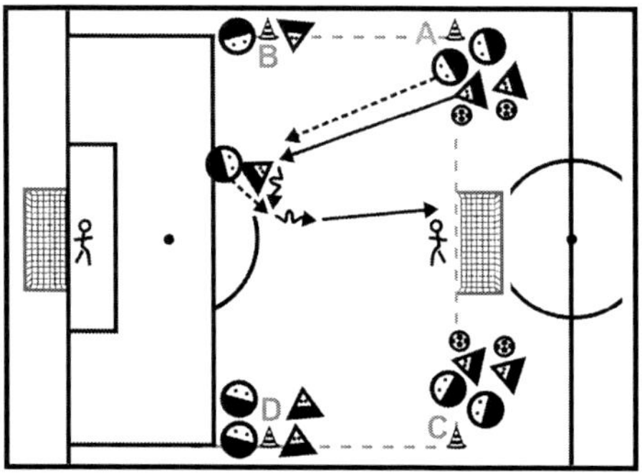

Organisation & Ablauf

Ein Feld (40 × 40 Meter) mit Mittellinie und zwei besetzten Toren aufbauen.

Die Trainingsgruppe in zwei Teams (Angreifer und Verteidiger) teilen. Jedes Team teilt sich zur gleichen Zahl an den vier Positionen A bis D auf. Die Angreifer A und C haben Bälle.

Die Übung läuft im Wechsel von A und C ab. Zunächst postiert sich ein Verteidiger und ein Angreifer (von Position B) zentral ins Feld. Angreifer A passt zum Angreifer ins Feld. Gleichzeitig startet Verteidiger A ins Feld und doppelt nach hinten. Setzt sich der Angreifer durch, kommt er zum Torabschluss. Erobern die Verteidiger den Ball, kontern sie auf das andere Tor.

Nach jeder Aktion wechseln die Spieler eine Position weiter. Nach der Hälfte der Zeit wechseln Angreifer und Verteidiger ihre Aufgaben.

Spieleranzahl: 4–16 Spieler plus TW.

Wettbewerb: Schießen die Angreifer oder Verteidiger mehr Tore?

Tipp: Der Verteidiger im Feld stellt den Angreifer wie in der Einleitung beschrieben mit dem Rücken zum Spiel und der nachsetzende Spieler geht direkt auf den Ball.

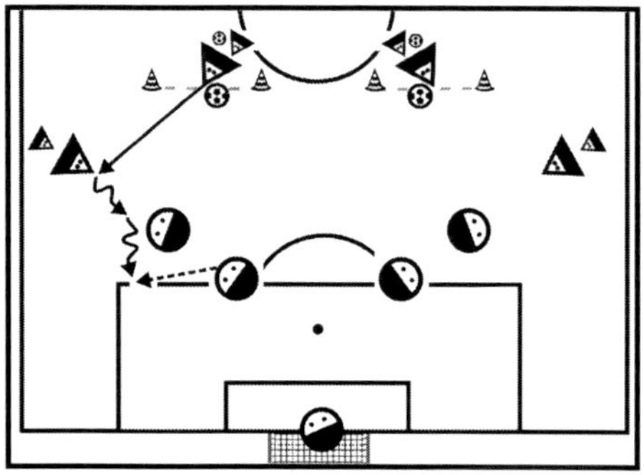

Organisation & Ablauf

Eine komplette Spielfeldhälfte nutzen. Entsprechend der Zeichnung zwei Hütchentore aufbauen.

Zwei IV und zwei AV bestimmen. Die restlichen Spieler teilen sich als Angreifer auf folgenden vier Positionen auf: Hinter den beiden Hütchentoren (mit Bällen) und an der Seitenlinie vor den Hütchentoren. IV und AV postieren sich entsprechend ihrer Positionen vor dem Strafraum.

Im Wechsel wird jeweils von einer Seite angegriffen. Ein Angreifer aus dem Hütchentor passt zum Angreifer an der Seitenlinie. Mit der Ballannahme rücken nun ballnaher AV und IV heraus und doppeln den Angreifer. Nach einem Ballgewinn kontern sie auf das Hütchentor.

Nach den Aktionen wechseln die beiden aktiven Angreifer ihre Position.

Spieleranzahl: 4–17 Spieler plus TW.

Wettbewerb: Wer hat nach 6 Minuten mehr Tore? Angreifer oder Verteidiger?

Variation: Einen Angreifer (ST) in den Strafraum postieren. Setzt sich der Angreifer gegen die beiden Verteidiger am Flügel durch, versucht er vor das Tor zum ST zu spielen.

Tipp: Weitere IV und AV neben das Tor stellen, die im Wechsel aktiv werden.

B: Spielverlagerung

Raumgewinn durch Seitenwechsel

Eine modern spielende Fußballmannschaft agiert ballorientiert. Sie verschiebt geschlossen Richtung Ball, versucht Überzahl zu schaffen und den Ball kontrolliert zu gewinnen. Wird man auf diese Art auf einer Spielfeldseite attackiert, versucht man sich aus dieser Umklammerung zu lösen und das Spiel zur ballfernen Seite zu verlagern. Verlagert man das Spiel schneller, als der Gegner verschiebt, kann man in die Tiefe zu höher positionierten Spielern passen.

Spielverlagerungen sollte man häufig im Spielaufbau praktizieren. Wird dabei ein AV angespielt, kann es vorkommen, dass der Gegner den Ball dort mittels Pressing erobern will. Im Direktspiel und mit einem Pass zum ballfernen IV lässt sich die Situation lösen. Dieser passt dann eine Position weiter in die Vorwärtsbewegung des AV. Aufgrund der Gefahr, den Ball beim AV zu verlieren, sollten die IV, bei zentraler Position des gegnerischen Mannschaftsverbands, einen Pass zum nahen AV vermeiden. Besser ist es, wenn die auf strafraumbreite stehenden IV geduldig untereinander passen und sich höher positionierte Mitspieler, im Moment der Ballannahme, in einer Gasse zeigen. Stehen diese so frei, dass sie einen Pass ohne Gegnerdruck verarbeiten können, werden sie sofort flach und druckvoll in die offene Stellung angespielt.

Um möglichst schnell zu verlagern, sollte man immer druckvoll und in die Vorwärtsbewegung des Passempfängers spielen. Eine Vororientierung beschleunigt den Vorgang. Man kann den Ball dann direkt oder nach einer gezielte Ballan- und -mitnahme weiterleiten. Durch das Überschlagen von Spielern kann man hier weitere Zeit sparen. Dazu spielt der AV direkt zum ballfernen IV oder umgekehrt. Spielverlagerungen über den ballnahen IV verzögern das Spiel.

Spielverlagerungen sollten nicht nur im Spielaufbau stattfinden. Gerät man bei einem Angriff auf der Außenbahn in eine Unterzahlsituation, muss dies der 6er oder 10er sofort erkennen und Richtung Ball schieben. Er bietet sich diagonal hinter dem Ballführenden zur Spielverlagerung an. Er wird in den ballfernen Fuß angespielt. Je nach Spielsituation leitet er den Ball eine Position weiter oder passt in die Tiefe. Die ballfernsten Spieler reagieren darauf, indem sie sich in ausreichender Breite dem 6er / 10er zeigen. Alle Passempfänger befinden sich in einer offenen Stellung. Also halboffen zum Passgeber und halboffen in Richtung der Spielfortsetzung. Die offene Stellung wird durch einen rückwärtigen und seitlichen Lauf erreicht.

Mit flachen Pässen kann man am schnellsten verlagern. Manche Teams spielen hier auch Flugbälle. Man sollte aber berücksichtigen, dass ein Flugball lange unterwegs ist und sich der Gegner in dieser Zeit komplett hinterm Ball verschieben kann. Die Ballannahme eines hohen Balls ist technisch anspruchsvoll und kostet zusätzliche Zeit. Somit besteht die Gefahr, direkt bei der Ballannahme unter Druck zu geraten.

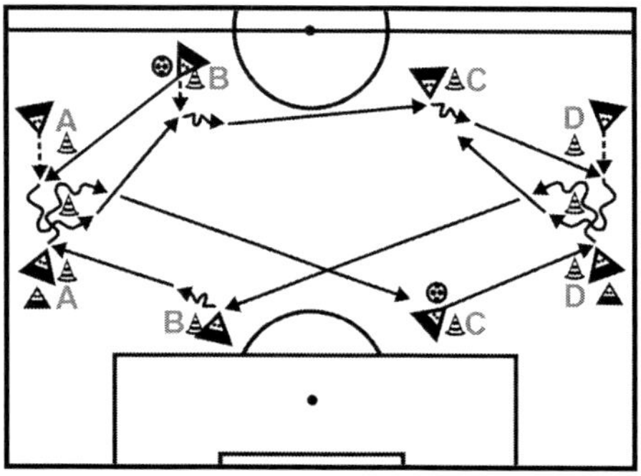

Organisation & Ablauf

Vier Hütchen (A–D) entsprechend einer Viererabwehrkette aufstellen. Einen zweiten Parcours spiegelverkehrt dem gegenüber. 8–10 Meter von A und D entfernt jeweils ein Wendehütchen stellen.

Die Positionen A bis D einfach besetzen. Spieler C hat einen Ball.

Spieler C passt in die Vorwärtsbewegung von D, D dribbelt um das Wendehütchen und passt zu B. B passt nach einer Ballan- und -mitnahme in die Vorwärtsbewegung von A. A absolviert ebenfalls ein Dribbling um das Wendehütchen und passt dann wieder zurück zu C.

Die Spieler bleiben auf ihren Positionen.

Spieleranzahl: 4–7 Spieler. Bei mehr als 4 Spielern die Positionen doppelt besetzen. Ab 8 Spieler einen zweiten (spiegelverkehrten) Parcours aufbauen.

Wettbewerb: Welche Spieler eines Parcours dribbeln innerhalb von 4 Minuten häufiger um das Wendehütchen D?

Variation: B hat einen Ball und passt zu A, A dribbelt um das Wendehütchen und passt zurück zu B. B verlagert mit dem zweiten Ballkontakt zu C, C passt zu D, D dribbelt um das Wendehütchen und passt zurück zu C. C spielt wieder zu B.

Tipp: Immer in die Vorwärtsbewegung des Passempfängers spielen.

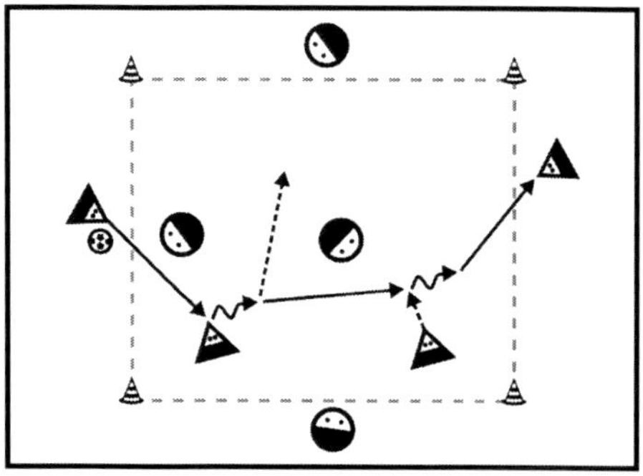

Organisation & Ablauf

Ein Quadrat (20 × 20 Meter) markieren.

Zwei 4er-Teams bilden. Je zwei Spieler eines Teams ins Feld und die restlichen Spieler hinter einer Feldseite, so dass sich die Mitspieler gegenüberstehen.

Im Feld wird 2 gegen 2 mit zwei Pflichtkontakten auf Ballhalten gespielt. Die Mitspieler hinter den Außenseiten agieren über die komplette Breite und sollen im Wechsel angespielt werden. Für die Ballbesitzer bedeutet dies immer eine 4-gegen-2-Überzahlsituation.

Spieleranzahl: 8–11 Spieler. 5er-Teams bilden. Mit einem Neutralen spielen.

Wettbewerb: Die ballbesitzende Mannschaft erhält für jede unterbrechungsfreie Spielverlagerung von einem Außenspieler zum anderen einen Punkt.

Variation: Der Neutrale spielt nur direkt.

Tipp: Vororientieren! Mit dem ersten Kontakt den Ball in die neue Spielrichtung (freier Raum) mitnehmen. Ball muss immer rollen. Zum Schaffen von Anspielstationen aus dem Deckungsschatten des Gegners heraustreten.

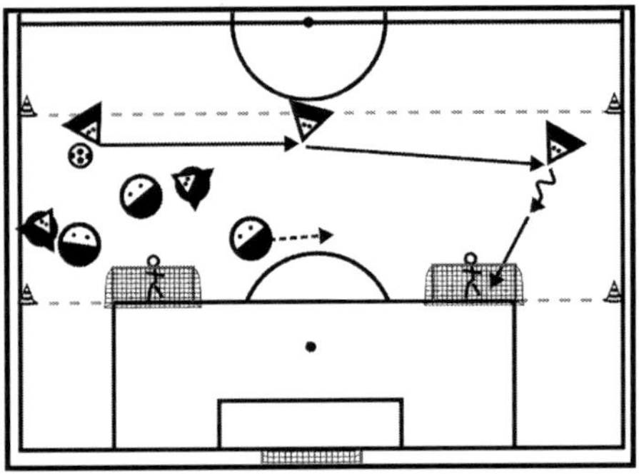

Organisation & Ablauf

Ein 24 Meter tiefes Spielfeld über die komplette Spielfeldbreite mit zwei äußeren Großtoren auf einer Grundlinie markieren.

Die Tore mit Torhütern besetzen. Zwei 3er-Teams und zwei neutrale Spieler bestimmen.

Im Feld wird 3 gegen 3 plus zwei Neutrale gespielt. Das Team im Angriffsrecht darf in beide Tore Treffer erzielen. Das Angriffsrecht wechselt, indem der Ball erobert wird und ein Verteidiger über die Grundlinie des Felds dribbelt. Die Verteidiger agieren immer als Dreierkette und die Neutralen auf der 6er-Position.

Spieleranzahl: 7–12 Spieler plus Torhüter. Bei 7 Spielern mit einem und bei 9 Spielern mit drei Neutralen spielen. Ab 10 Spielern wird 4 gegen 4 gespielt.

Wettbewerb: Welches Team erzielt in 5 Minuten mehr Tore?

Variation: Auf Jugendtore ohne Torhüter im 5-gegen-5 spielen. Zwei Spieler der verteidigenden Mannschaft agieren dann immer als Torhüter.

Tipp: Schnelle Spielverlagerungen, um auf der neuen Ballseite Raum für einen Angriff zu haben. Bei geschlossenem Raum wieder zurückverlagern.

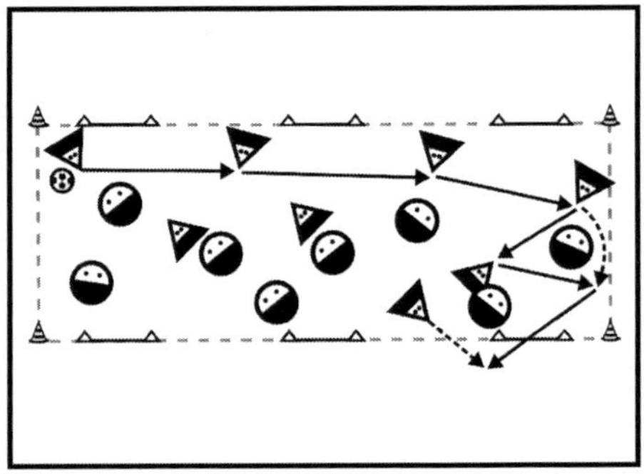

Organisation & Ablauf

Ein Feld über die komplette Spielfeldbreite und einer Tiefe von 36 Metern markieren. Auf die Grundlinien jeweils drei Hütchentore (Breite: 2 Meter) stellen.

Zwei 8er-Teams bilden, die sich in einer 4-3-1-Grundformation aufstellen.

Die Teams spielen gegeneinander und versuchen durch eines der drei Hütchentore des Gegners zu passen.

Spieleranzahl: 12–18 Spieler. Die Teamgrößen ändern. Neutrale bestimmen.

Wettbewerb: Für einen Pass durch das mittlere Tor gibt es einen Punkt und bei einem Pass durch ein äußeres Tor zwei Punkte. Kann ein Mitspieler einen Pass durch ein Hütchentor erlaufen, wird dies mit drei Punkten belohnt.

Variation: Hinter den Hütchentoren ein besetztes Großtor stellen. Nachdem durch ein Hütchentor gespielt oder gedribbelt wurde, greift man auf dieses an.

Tipp: Die vollständige Breite des Felds nutzen. Geduldig und schnell verlagern. Höhere Spieler gehen bei der Ballannahme der Verteidiger immer auf Lücke. Passmöglichkeiten in die Tiefe konsequent nutzen.

B: 90-Grad-Ball

Torchancen über außen erspielen

Der im Kombinationsfußball angestrebte Ballbesitz mit vielen Spielverlagerungen zwingt den Gegner dazu, das Zentrum zu verengen. Denn als kombinationsstarkes Team verändert man ständig die seitliche Ballposition und strebt den Pass in die Tiefe an. Zur Gewährleistung eines kompakten Zentrums muss der Gegner die Spielfeldseiten aufgeben. Durch ein Flügelspiel können sich nun Gelegenheiten für das Erspielen von Torchancen über außen ergeben.

Beim Flügelspiel wird in der Regel eine Flanke hoch vor das Tor gespielt. Diese von außen geschlagenen Flugbälle soll dann ein Stürmer oder ballferner Offensivspieler per Kopfball verwerten. Ein solches Flügelspiel benötigt hauptsächlich die Techniken Flugball und Kopfball. Sie kommen aber im Kombinationsfußball nicht vor und sind daher bei Teams, die diesen betreiben, unterdurchschnittlich entwickelt. Wer mit Flanken von außen einigermaßen erfolgreich spielen möchte, müsste so viel Trainingszeit dafür investieren, dass die Qualität des Kombinationsspiels deutlich nachließe.

Mit einem sogenannten 90-Grad-Ball lassen sich aber auch über außen Torchancen mit den Techniken des Kombinationsfußballs erspielen. Da man hier aufgrund der Trainingsschwerpunkte sowieso ein hohes Niveau besitzt, ist diese Angriffsvariante besonders erfolgversprechend. Beim 90-Grad-Ball kombiniert man so am Flügel, dass sich ein Außenspieler bis zur Grundlinie durchsetzt und von dort flach und druckvoll zu einem Mitspieler vor dem Tor passt. Ein solcher Angriff ist schwer zu verteidigen, da man flach sehr genau in den Zielraum der Offensivspieler passen kann. Zusätzlich ist die Verwertung eines flachen Passes deutlich einfacher als die eines Flugballes.

Um erfolgreich mit einem 90-Grad-Ball zu sein, gilt es aber auch, einige taktische Aspekte zu berücksichtigen. Der Außenspieler, der bis zur Grundlinie dribbelt, legt sich den Ball mit seinem vorletzten Ballkontakt leicht nach innen vor. So muss er für den Pass keinen Bogen zum Ball laufen, sondern kann direkt spielen. Um die genaue Position der Zielräume vor dem Tor zu wissen, hebt er noch einmal kurz den Kopf. Der Rückraum des Tors soll mindestens von den zwei ST, auf Höhe erster und Höhe zweiter Pfosten, besetzt werden. Diese müssen ihren Lauf in die Zielräume so timen, dass sie die Hereingabe aus der Bewegung heraus verwerten.

Der hintere ST steht zunächst weiter vom Tor entfernt als der vordere ST. Mit dem Pass vor das Tor läuft jetzt der hintere ST dichter ans Tor als der vordere ST. Die Hereingabe entschlossen, mutig und direkt verwerten. Im Gegensatz zum klassischen Flügelspiel, wo ST in Versuchung kommt, vor dem Tor den Gegenspieler wegzudrücken oder sich aufzustützen, wird ein solcher Angriff kaum wegen eines Foulspiels abgepfiffen.

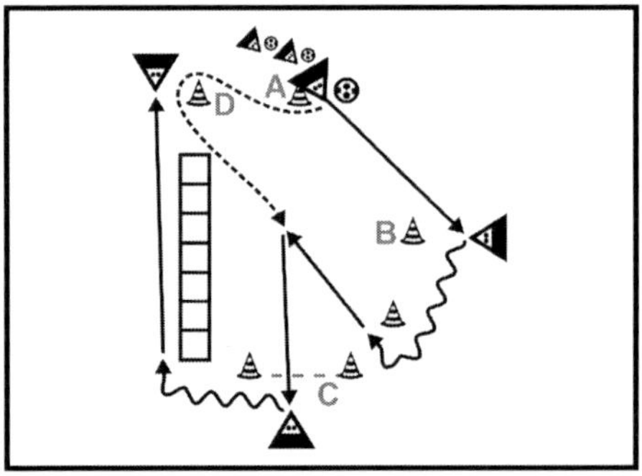

Organisation & Ablauf

15 Meter gegenüber eines Hütchentors C (Breite: 3 Meter) das Starthütchen A und 3 Meter neben A Hütchen D stellen. 9 Meter von A entfernt steht Hütchen B. Zwischen B und C ein Wendehütchen stellen und zwischen C und D eine Koordinationsleiter legen.

3–5 Spieler mit Bällen zu A. Die Positionen B, C und D einfach besetzen. B steht 2 Meter in offener Stellung außen an B.

Spieler A passt zu B (zwischen Hütchen und Spieler). B nimmt den Ball an und mit und dribbelt um das Wendehütchen. A umläuft nach seinem Pass Hütchen D, startet Richtung Hütchentor und erhält von B einen Pass, den er direkt durch das Hütchentor zu C passt. C nimmt den Ball nach außen mit und passt zu D.

Alle Spieler wechseln eine Position weiter. Sobald A auf Position B ist, startet der nächste Durchgang.

Spieleranzahl: 6–8 Spieler.

Wettbewerb: Welche Gruppe passt in 4 Minuten häufiger durchs Hütchentor?

Variation: Für einen zweiten Durchgang zu einem spiegelverkehrt aufgebauten Parcours wechseln. Ohne Koordinationsleiter üben.

Tipp: Alle Pässe und Ballannahmen mit dem äußeren / hinteren Fuß absolvieren.

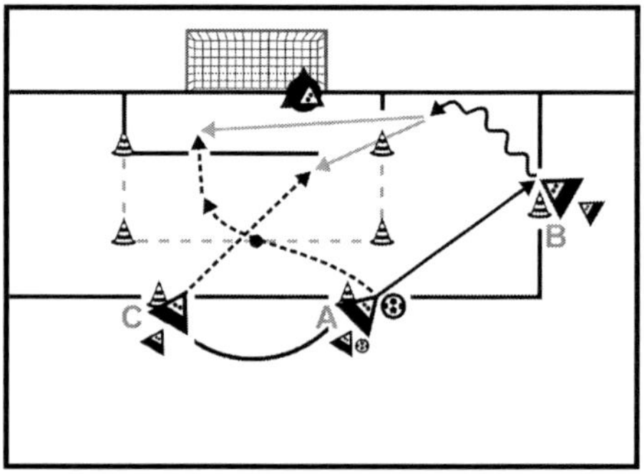

Organisation & Ablauf

Um ein besetztes Großtor die Positionen A, B und C entsprechend der Zeichnung aufbauen. Zwischen Torraum und Elfmeterpunkt eine Torschusszone markieren.

Je 2–4 Spieler an den drei Positionen aufteilen. Die Spieler A mit Bällen.

A passt zu B und B nimmt den Ball Richtung Grundlinie mit. Von dort passt er in die Torschusszone zu C oder A. Nach dem Pass von A zu B startet C in die Torschusszone Richtung ersten Pfosten, A hinterläuft C und startet zum zweiten Pfosten. Der Torabschluss erfolgt entschlossen und direkt.

Die Spieler wechseln eine Position weiter.

Spieleranzahl: 6–12 Spieler plus TW.

Wettbewerb: Drei gleich große Teams bilden. Welches Team erzielt am Ende mehr Tore?

Variation: Siehe Übung auf der nächsten Seite.

Tipp: Passgeber B hebt den Kopf und passt zum besser stehenden Spieler. Den Pass druckvoll und flach spielen. A und C kommen in der Torschusszone nicht zum Stehen. A befindet sich zunächst diagonal hinter C und startet dann mit dem Pass von B näher zum Tor.

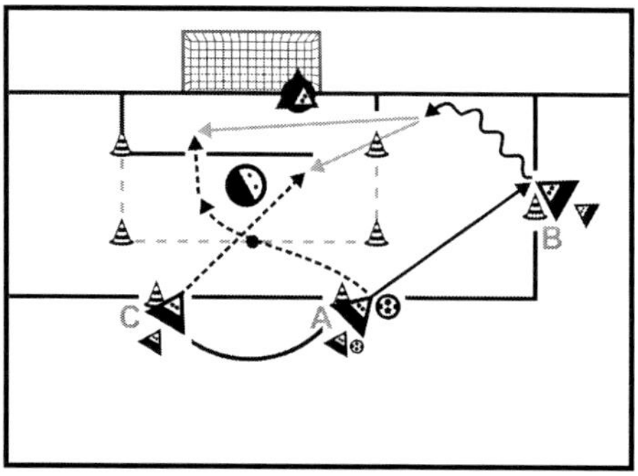

Organisation & Ablauf

Um ein besetztes Großtor die Positionen A, B und C entsprechend der Zeichnung aufbauen. Zwischen Torraum und Elfmeterpunkt eine Torschusszone markieren.

Je 2–4 Spieler an den drei Positionen aufteilen. Die Spieler A mit Bällen. Einen Verteidiger in die Torschusszone stellen.

Ablauf wie zuvor. Jedoch befindet sich ein vollaktiver Verteidiger in der Torschusszone. Dieser soll einen erfolgreichen Torabschluss verhindern.

Eine Position weiter wechseln.

Spieleranzahl: 6–12 Spieler plus TW.

Wettbewerb: Drei gleich große Teams bilden. Welches Team erzielt am Ende mehr Tore?

Variation: Position B auf der anderen Strafraumlinie markieren und über die andere Seite angreifen.

Tipp: Siehe vorherige Torschussübung. Der Torwart soll sich spielnah verhalten und die kurze Ecke schließen. Den Verteidiger regelmäßig wechseln.

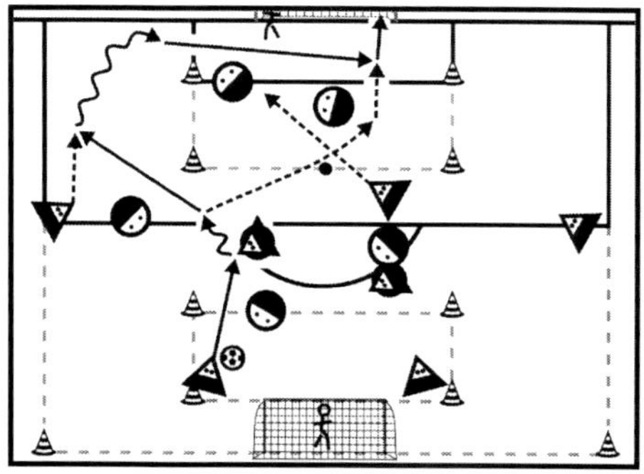

Organisation & Ablauf

Ein Spielfeld (40 × 40 Meter) mit zwei besetzten Toren aufbauen. Identische Torschusszonen wie zuvor markieren.

Zwei 5er-Teams bilden und 0–2 Neutrale bestimmen. Die Teams spielen in einer 2-3-Grundformation. Die Neutralen agieren mit dem ballbesitzenden Team und dort zwischen den Mannschaftsteilen.

Tore dürfen nur aus der Torschusszone erzielt werden.

Spieleranzahl: 10–12 Spieler plus TW.

Wettbewerb: Welches Team schießt mehr Tore?

Variation: Die Torschusszonen auf Torbreite verengen und bis zur Strafraumlinie verlängern.

Tipp: Möglichst oft den 90-Grad-Ball anstreben. Dazu postieren sich die äußeren Mittelfeldspieler maximal breit und fordern das Zuspiel. Gelingt ihnen der Durchbruch bis zur Grundlinie, besetzen die Mitspieler sofort die Torschusszone entsprechend der vorherigen Beschreibungen. Ein Kreuzen vor dem Tor ist nicht zwingend notwendig, erschwert dem Gegner aber das Verteidigen. Pässe direkt und entschlossen verwerten.

B: Andribbeln

Gegnerische Reihe überspielen

Kann man nach einem Zuspiel aufdrehen und hat einen freien Raum vor sich, stellt sich automatisch die Frage der Nachfolgeaktion. Wie verhält man sich als Ballführender und wie als Mitspieler, wenn es das Ziel ist, die nächste gegnerische Reihe zu überspielen? Es bieten sich zwei unterschiedliche Lösungswege an. Man kann entweder direkt oder nach Spielverlagerungen in die Tiefe passen und wenn dies nicht möglich ist, das Angriffsmittel Andribbeln anwenden. Beim Andribbeln dribbelt man aktiv auf einen Gegenspieler zu, auf dessen freier Seite sich ein Mitspieler anbietet. Je nach Verhalten des Angedribbelten geht der Ballführende selbst an ihm vorbei oder passt zu dem sich anbietenden Mitspieler.

Das Andribbeln kann man in sämtlichen Spielsituationen (Spielaufbau, Übergangsspiel und vor dem gegnerischen Tor) anwenden. Durch das aktive Andribbeln eines Gegenspielers wird dieser gebunden und kann kaum noch Pässe zu benachbarten Spielpositionen verhindern. Es ist zu beachten, dass man als Ballführender mit erhobenem Kopf dribbelt und so das Gegnerverhalten erkennt. Fixiert sich der Gegner auf einen Zweikampf, wird kurz vor seinem Aktionsraum zum Mitspieler gepasst. Spekuliert er dagegen auf diesen Pass, so geht der Ballführende mit einer Finte selbst an ihm vorbei. Die mitlaufenden Spieler achten darauf, dass sie sich auf der freien Seite maximal breit und hoch anbieten.

Sobald ein Spieler aufdreht und in den freien Raum dribbelt, ist dies ein Signal für die Mitspieler, sich entsprechend dem Andribbeln anzubieten. Tiefer stehende Mitspieler rücken sofort vor und zeigen sich in der Breite. Aber auch Spieler auf benachbarten Positionen können sich außen am angedribbelten Gegner anbieten. Sieht der Ballführende, dass Mitspieler für ein Andribbeln mitlaufen bzw. sich anbieten, so dribbelt er sofort den entsprechenden Gegenspieler an. Da sich beim Andribbeln zum Überwinden einer gegnerischen Reihe kein Mitspieler vor dem Ball befinden muss, ist dies ein Angriffsmittel, welches besonders gut für Konteraktionen geeignet ist.

Die Trainingseinheit Andribbeln wird mit einer sogenannten hinführenden Übung begonnen. Diese dient neben der Einstimmung auf das Thema gleichzeitig dem Aufwärmen. Danach folgen zwei Spielformen. Bei der Ersten wird nur auf das feste Großtor angegriffen und bei der Zweiten spielt man auf zwei mit Torhütern besetzte Großtore. Parallel zu den letzten beiden Trainingsformen können übrigbleibende Spieler in einem Quadrat 2 gegen 2 auf vier Dribbeltore spielen. Beim Abschlussspiel hebt man den Trainingsschwerpunkt hervor, indem man die Ballkontaktzahl auf zwei, mit Ausnahme von nach vorne gerichteten Dribblings, begrenzt.

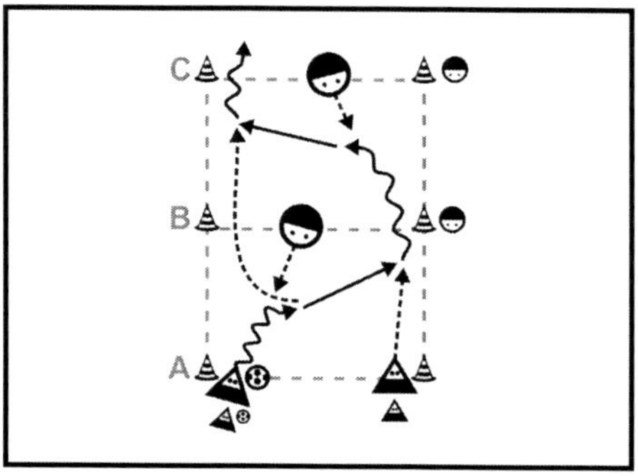

Organisation & Ablauf

Ein Feld (20 × 10 Meter) mit Mittellinie aufbauen.

Vier Verteidiger und vier Angreifer bestimmen. Die Spieler bilden Paare. Je ein Verteidiger agiert von der Linie B und C. Dessen Partner pausieren neben dem Feld. Die Angreifer teilen sich an den beiden Hütchen A auf. Auf einer Seite A haben alle Spieler Bälle.

Das erste Angreiferpaar startet ins Feld und versucht die Linien B und C zu überdribbeln. Die Verteidiger werden mit dem ersten Ballkontakt eines Angreifers in ihrem Feld aktiv. Nach dem Überspielen dürfen sie nicht nachsetzen.

Nach jedem Angriff wechselt der pausierende Verteidiger mit seinem aktiven Partner Aufgabe und Position. Werden insgesamt drei Angriffe abgewehrt, werden die Verteidiger zu Angreifer und umgekehrt.

Spieleranzahl: 6–10 Spieler. 3er-Verteidigergruppen bilden. Es wird auf nur eine Verteidigungslinie angegriffen.

Tipp: Zügiger Ablauf mit vielen Wiederholungen fordern. Komplette Breite des Felds nutzen. Entschlossen und schnell nach vorne agieren. Kopf beim Dribbeln heben, das Verhalten des Verteidigers wahrnehmen und dann entsprechend handeln.

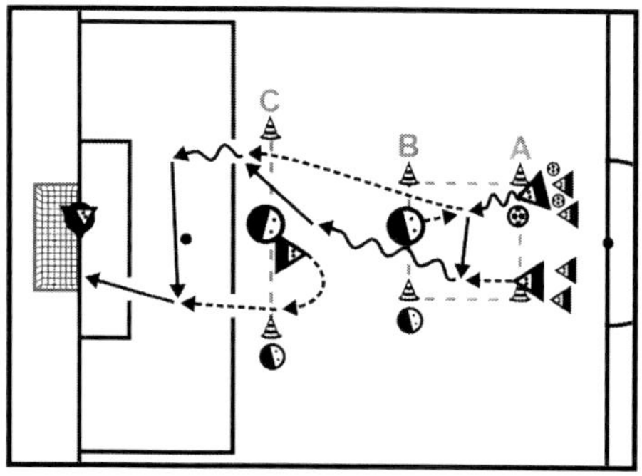

Organisation & Ablauf

Ein Quadrat (10 × 10 Meter) und eine Angriffslinie C (Breite: 20 Meter) ca. 20 Meter vor dem Tor aufbauen.

Zwei Verteidiger-Paare und eine Sturmspitze bestimmen. Die restlichen Spieler sind zunächst Angreifer. Die Verteidiger agieren von der Linie B und C. Deren Partner pausieren neben dem Feld. Die Angreifer teilen sich an den beiden Hütchen A auf. Auf einer Seite A haben alle Spieler Bälle. Die Sturmspitze agiert von der Angriffslinie C.

Die ersten beiden Angreifer starten ins Feld und versuchen zunächst über die Linie B zu dribbeln. Danach versuchen die beiden Angreifer im Zusammenspiel mit der Sturmspitze ein Tor zu erzielen. Verteidiger B setzt mit dem Überdribbeln seiner Linie nach. Abseitsregel gilt. Der Angriff muss über die Linie C erfolgen.

Nach jedem Angriff wechselt der pausierende Verteidiger mit seinem aktiven Partner Aufgabe und Position. Wird dreimal in Folge kein Tor erzielt, werden vier neue Verteidiger bestimmt.

Spieleranzahl: 9–15 Spieler.

Tipp: Vor der Angriffslinie eine zentrale Ballposition anstreben. Die Sturmspitze bietet sich auf der freien Seite an. Der zentrale Angreifer muss nach beiden Seiten passen können.

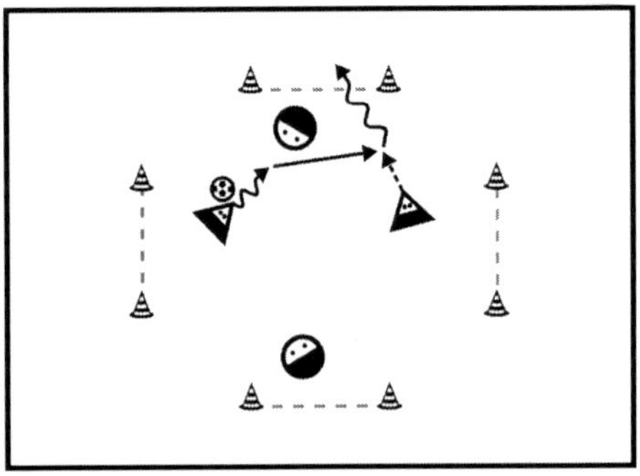

Organisation & Ablauf

Ein Quadrat (15 Meter) aufbauen. Die Seiten bestehen nur aus einem zentralen Dribbeltor (Breite: 7 Meter).

Zwei 2er-Teams bilden.

Im Quadrat wird 2 gegen 2 gespielt. Jedem Team werden zwei gegenüberstehende Dribbeltore zugewiesen. Nach einem Ballverlust darf kein Gegenpressing stattfinden. Man muss sich sofort zu den eigenen beiden Toren orientieren.

Spieleranzahl: 4–5 Spieler. Mit einem Neutralen spielen.

Wettbewerb: Welches Team hat nach 2 × 3 Minuten häufiger ein gegnerisches Tor überdribbelt?

Variation: Gegenpressing ist erlaubt.

Tipp: Aufgrund des Umstandes, immer zwei Tore verteidigen zu müssen, ergeben sich automatisch 2-gegen-1-Situationen.

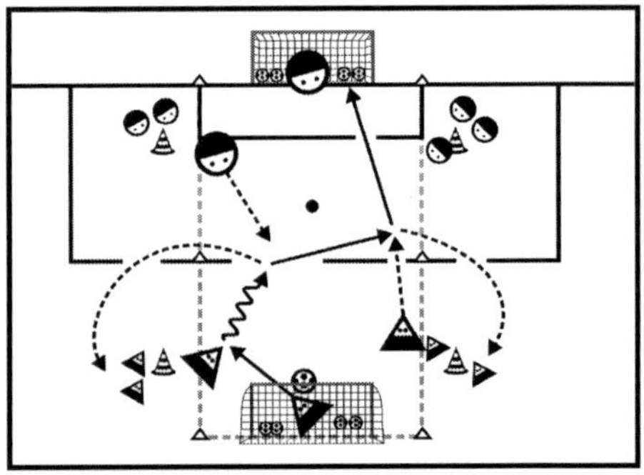

Organisation & Ablauf

Zwei besetzte Tore im Abstand von 32 Metern zueinander aufstellen und das Feld seitlich am Torraum begrenzen.

Ersatzbälle in beide Tore legen. Zwei Teams bilden und je einem Tor zuweisen. Dort teilen sich die Spieler nochmal an den beiden äußeren Hütchen auf.

Im Wechsel wird nun im 2-gegen-1 auf das gegenüberliegende Tor angegriffen. Ein Torwart passt zu einem der zwei Angreifer vor seinem Tor. Gleichzeitig startet ein Spieler vom anderen Tor (ballnahe Seite) als Verteidiger ins Feld.

Nach einem Torabschluss verlassen beide Angreifer sofort das Feld und stellen sich wieder bei ihrem Team an. Der Verteidiger-TW setzt das Spiel so schnell wie möglich mit einem Pass zum vorherigen Verteidiger oder dem Mitspieler auf der anderen Torseite fort. Diese greifen nun gemeinsam gegen den ballnahen Spieler der gegenüberliegenden Seite an.

Spieleranzahl: 12–20 Spieler.

Variation: Gewinnt der Verteidiger den Ball, sind beide Angreifer aus dem Spiel und es wird im 2-gegen-1 gekontert.

Tipp: Bevor der TW mit einem Pass die nächste Aktion startet, weicht der vormals als Verteidiger aktive Spieler zurück und geht breit.

B: Gegenpressing

Ballverluste attackieren

Im Grunde genommen kommen in einem Fußballspiel nur vier verschiedene Spielsituationen vor. Neben dem technischen Vermögen der Einzelspieler, entscheidet die richtige Mannschaftstaktik im richtigen Moment über Sieg und Niederlage. Das Team muss nicht nur wissen, wie es sich bei eigenem und bei gegnerischem Ballbesitz zu verhalten hat, sondern auch wie es auf einen Ballgewinn und einen Ballverlust reagiert. Die drei zuerst genannten Punkte wurden bereits in diesem Buch behandelt und der letzte Punkt, das Verhalten im Moment des Ballverlustes, ist Thema dieses Kapitels.

Auf einen Ballverlust kann man auf zwei verschiedene Arten reagieren. Man weicht entweder Richtung eigenem Tor zurück oder strebt die direkte Ballrückgewinnung an. Welche dieser beiden mannschaftstaktischen Verhaltensweisen man ausführt, ist abhängig von der Spielsituation und dem eigenen Spielstil. Da man mit dem Kombinationsfußball eine offensive Spielphilosophie verfolgt, strebt man möglichst immer die direkte Ballrückgewinnung an. Unabhängig von der Vorgehensweise beim Ballverlust ist ein unmittelbares und geschlossenes Handeln des Teams notwendig.

Spielsituationen, die nicht für eine direkte Ballrückgewinnung geeignet sind, erkennt man an einem frontalen Dribbling des Gegners auf die Abwehr. Für ein sogenanntes Gegenpressing müsste ein IV jetzt aus der Viererkette heraustreten. Es entstünde in seinem Rücken ein offener Raum, in den der Gegner hineinspielen könnte. Daher weicht man in einer solchen Situation Richtung Tor zurück. Erst ab einer torgefährlichen Distanz geht man in die aktive Balleroberung. Auch sollte man in den Situationen auf eine direkte Ballrückgewinnung verzichten, wo der Gegner das Spiel nach einem Ballgewinn verlagert. Hier lässt man sich besser diagonal nach hinten fallen.

Bei einer der folgenden Spielsituationen sollte man sofort ein Gegenpressing starten: Ballverlust im Offensivdrittel, Überzahl in Ballnähe oder der Gegner erläuft mit dem Rücken zum Spiel den Ball. In einer solchen Situation attackieren die zwei ballnächsten Spieler den Ballführenden. Alle anderen Spieler schieben zum Ball, decken ballnahe Anspielstationen und verstellen Passwege in die Tiefe. Nicht foul spielen.

Damit das Gegenpressing zum Ballgewinn führt, muss man schon bei eigenem Ballbesitz die Voraussetzungen dafür schaffen. Tiefer stehende Spieler sollen immer den Rückraum der angreifenden Mitspieler besetzen. Kommt es dann zu einem Ballverlust, können sie je nach Situation den Gegner sofort attackieren, nahe Anspielstationen zustellen oder Passwege in die Tiefe schließen.

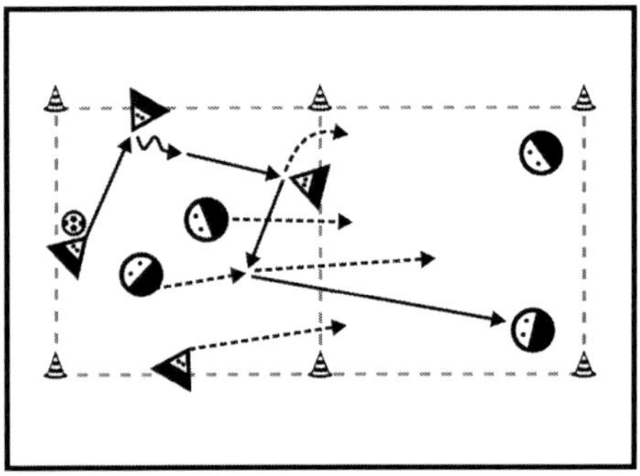

Organisation & Ablauf

Ein Feld (20 × 8 Meter) mit Mittellinie aufbauen.

Zwei 4er-Teams bilden.

Jedem Team eine Spielfeldhälfte zuweisen. Das Spiel beginnt in einer Hälfte im 4-gegen-2 auf Ballhalten. Zwei Pflichtkontakte je Spieler. Die übrigen zwei Spieler stehen in ihrer Hälfte und warten darauf, dass ihre Mitspieler den Ball gewinnen und zu ihnen passen. In diesem Fall rücken jeweils zwei Spieler eines Teams in die andere Hälfte und dort spielt nun das andere Team 4 gegen 2 auf Ballhalten. Geht der Ball an einen der zwei Verteidiger verloren, wird die direkte Ballrückgewinnung angestrebt, um einen Pass in die andere Hälfte zu verhindern.

Spieleranzahl: 8–16 Spieler. Die Teamgrößen erhöhen. Bei 6 gegen 6 das Feld auf 25 × 10 Meter vergrößern und es wird jeweils 6 gegen 3 gespielt. Ein Team kann auch größer als das andere sein.

Wettbewerb: Fünf Passfolgen ergeben einen Punkt.

Variation: Je nach Leistungsstand nur Direktspiel oder drei Pflichtkontakte.

Tipp: Spielt das Überzahlteam den Ball ins Aus, passt der Trainer sofort einen neuen Ball in die andere Hälfte.

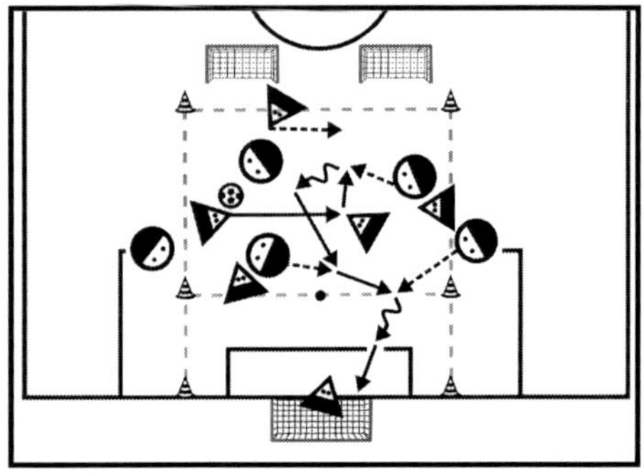

Organisation & Ablauf

Vor dem Großtor ein Spielfeld (25 × 30 Meter) aufbauen, welches auf Höhe des Elfmeterpunktes geteilt ist. Zwei Meter hinter dem Feld zwei Minitore stellen.

Zwei 5er-Teams bilden. 5 Angreifer und 3 Verteidiger stehen in der großen Hälfte und 2 Verteidiger neben dem Feld.

Es wird 5 gegen 3 mit maximal zwei Ballkontakten auf Ballhalten gespielt. Erobern die Verteidiger den Ball, werden die zwei pausierenden Verteidiger aktiv und es wird 5 gegen 5 im kompletten Feld gespielt. Die Verteidiger greifen auf das Großtor an und die Angreifer versuchen den Ball zurückzugewinnen und auf die Minitore zu kontern. Richtung Großtor mit Abseits spielen.

Nach Ballaus oder einem Torschuss wieder Neubeginn der Übung im 5-gegen-3.

Spieleranzahl: 8–15 Spieler. Teamgrößen und Anzahl der pausierenden Verteidiger ändern. Eventuell mit freier Kontaktzahl spielen. Ein Neutraler ins Feld.

Wettbewerb: Die Angreifer erhalten für 10 Passfolgen und einen Pass ins Minitor jeweils einen Punkt. Die Verteidiger erhalten für ein Tor zwei Punkte.

Variation: Nach 5 Minuten tauschen Angreifer und Verteidiger die Aufgaben. Ein zweites Tor anstatt Minitore.

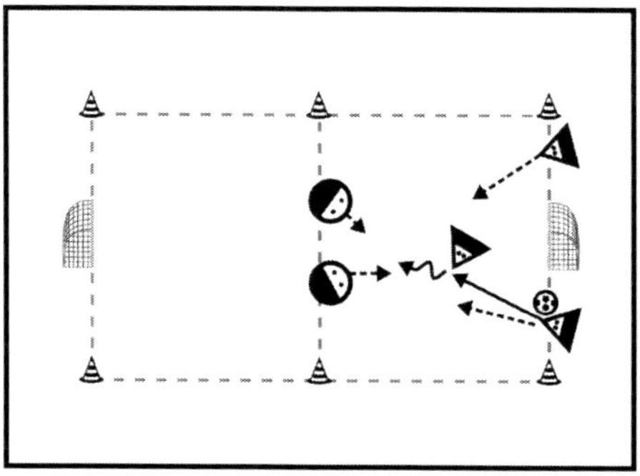

Organisation & Ablauf

Ein Feld (30 × 15 Meter) mit Mittellinie und zwei Minitoren aufbauen.

Mindestens zwei Verteidiger und drei Angreifer bestimmen. Jedem Team ein Tor zuweisen. Zwei Verteidiger auf die Mittellinie postieren. Ein Angreifer in die eigene Spielfeldhälfte und je ein Angreifer links und rechts neben dem Minitor. Ein Angreifer neben dem Tor mit Ball.

Der Angreifer mit Ball passt zu dem Angreifer im Feld. Mit der Ballannahme werden die Verteidiger aktiv. Der Angreifer versucht an den Verteidigern vorbeizudribbeln und ein Tor zu erzielen. Mit dem Pass zum Mitspieler rücken beide Angreifer ins Feld und besetzen den Rückraum des ballführenden Angreifers. Sie werden nur aktiv, wenn die Verteidiger den Ball erobern. Nach dem Ballgewinn der Verteidiger freies Spiel.

Spieleranzahl: 5–10 Spieler. Die Positionen der Verteidiger und Angreifer doppelt besetzen.

Wettbewerb: Welches Team schießt in zweimal 4 Minuten mehr Tore?

Variation: Die Spieleröffnung der Angreifer von der anderen Torseite starten.

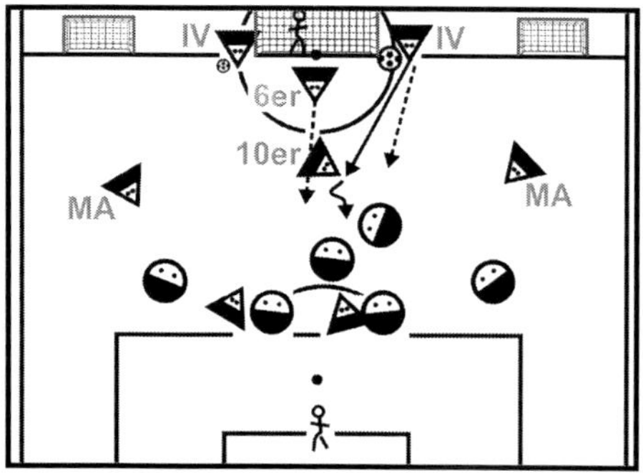

Organisation & Ablauf

Zwei Minitore und ein besetztes Großtor auf die Mittellinie stellen.

Sechs Verteidiger verteidigen im 4-2-0 das feste Großtor. Acht Angreifer bestimmen: 2× IV, 1× 6er, 1× 10er, 2× MA und 2× ST und entsprechend der Zeichnung aufstellen. Die IV stehen mit ausreichend Bällen an der Mittellinie.

Ein IV eröffnet das Spiel zum 10er. Dieser muss ins Dribbling gegen die zwei 6er des Verteidiger-Teams gehen. Mit dem Pass zum 10er startet der Passgebende IV und der 6er in den Rückraum des 10ers. Nach dem Dribbling freies Spiel. Verliert der 10er den Ball (wahrscheinlich), setzt dieser direkt nach und versucht zusammen mit den im Rückraum stehenden 6er und IV den Ball zurückzugewinnen.

Spieleranzahl: 14–22 Spieler plus TW. Bei mehr als 14 Spielern die Positionen der Angreifer (6er, 10er) und die der Verteidiger (Doppel-6) mehrfach besetzen.

Wettbewerb: Welches Team erzielt mehr Tore?

Tipp: Nach jeder Spielunterbrechung Neubeginn der Übung. Der 10er darf der Doppelsituation nicht ausweichen.

B: Chancenverwertung

Torschuss & Spiel über den Dritten

Das Erspielen von Torchancen gehört zu den zentralen Themen dieses Buches. Damit allein lässt sich aber noch kein Spiel gewinnen. Die erspielten Torchancen müssen zuvor noch erfolgreich verwertet werden. Ohne ein entsprechendes Training ist damit zu rechnen, dass man eine Vielzahl davon vergibt.

Es sind meistens tornahe Positionen, aus der ein Spieler zum Torabschluss kommt. Um diese möglichst sicher zu verwerten, sind besonders die Turnierformen ab Seite 92 zu empfehlen. Hier haben die Spieler ununterbrochen Aktionen direkt vor dem gegnerischen Tor. Der Trainingseffekt ist groß, weil das Ganze unter spielnahem Zeit- und Gegnerdruck stattfindet.

Neben diesen tornahen Distanzen wird man im Spiel auch in Situationen kommen, in denen ein Torschuss außerhalb des Strafraums Sinn macht. Damit man hier möglichst erfolgreich ist, finden sich in diesem Kapitel entsprechende Torchussübungen. Diesen geht allen eine Passkombination mit Spiel über den Dritten voraus. Die Übungen simulieren Angriffe über außen und durch das Zentrum. Bei der Aufwärmübung geht es darum, den Ball sicher aus tornaher Distanz zu verwerten.

Aufgrund des angewendeten Rundlauf-Prinzips können bei den folgenden Trainingsformen bis zu vier Torhüter und über 20 Feldspieler auf einer Spielfeldhälfte aktiv sein. Dazu werden immer zwei gegenüberstehende Tore benötigt. Ein mobiles Tor wird zentral auf die Mittellinie gestellt. Zu jedem Tor wird ein kleiner Parcours errichtet, den die Spieler vor dem Torabschluss auf das gegenüberstehende Tor zu absolvieren haben. Der Spieler, der zum Torschuss kam, stellt sich beim Parcours am anderen Tor an. So greifen die Spieler im Wechsel auf beide Tore an.

Im Idealfall verbessert diese Trainingseinheit nicht nur die Torchancenverwertung, sondern auch das Passspiel, vertieft das Angriffsmittel Spiel über den Dritten und gibt Lösungsvorschläge zum Erspielen von Torchancen über außen und durch das Zentrum. Die Torschussübungen besitzen alle einen spielnahen Charakter. Der Ball wird mit Passkombinationen von hinten nach vorne transportiert und es erfolgt in aussichtsreicher Position der Torabschluss. Für einen flüssigen Ablauf der Übungen müssen die Spieler Technik und Taktik optimal miteinander verbinden.

Die vier folgenden Trainingsformen absolviert man hintereinander. Es werden keine Spieler übrigbleiben, die anderweitig zu beschäftigen sind. Hier hat man eine Trainingseinheit, die besonders einfach zu organisieren ist und den Spielern viel Spaß macht. Man sollte jedoch über mindestens zwei Torhüter verfügen.

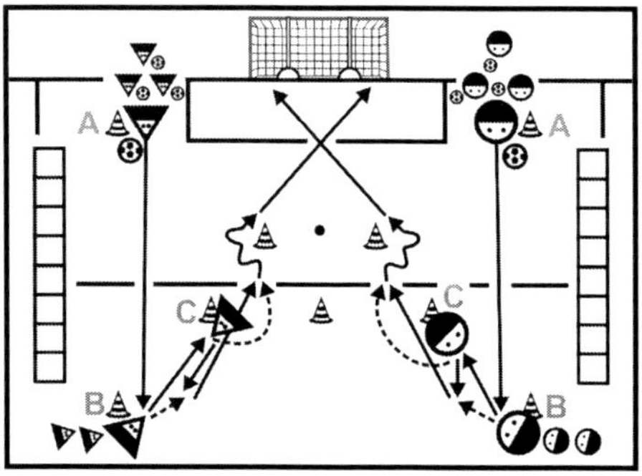

Organisation & Ablauf

Die Ecken des Großtors mit einer Stange markieren. Neben das Tor jeweils eine Startposition A stellen und 25 Meter davon entfernt ein Hütchen B. Vor dem Tor zwei Dreiecke (7 × 5 Meter) aufbauen.

Ohne Bälle je ein Spieler zu C und drei zu B. Der Rest teilt sich mit Bällen an den beiden Startpositionen A auf.

Die beiden Spieler A starten gleichzeitig in die Übung. A passt zu B, B passt mit seinem zweiten Kontakt zu C, C lässt klatschen und startet in die Tiefe. C erläuft im Dreieck einen Pass von B, C dribbelt außen aus dem Dreieck heraus und schießt in die lange Torecke.

A wechselt nach B und absolviert dabei eine Aufgabe an der Koordinationsleiter. B wechselt nach C und C nach A.

Spieleranzahl: 12–20 Spieler. Position B nur doppelt besetzen.

Wettbewerb: Zwei Teams bilden. Wer erzielt in 4 Minuten mehr Tore?

Variation: Für einen zweiten Durchgang die Seiten wechseln. In die kurze Torecke schießen.

Tipp: C absolviert mit dem Ballkontakt von B eine Lauffinte, lässt den Ball klatschen, dreht frontal auf, absolviert einen Bogenlauf in der Tiefe und erläuft im Dreieck den Pass. Abseits beachten.

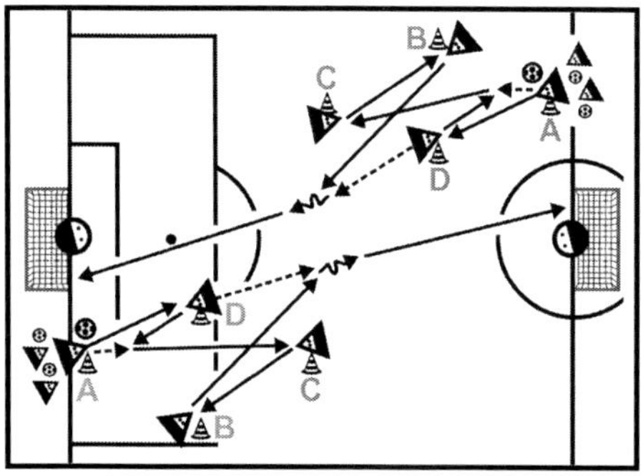

Organisation & Ablauf

Ein mobiles Tor auf die Mittellinie stellen. Neben den beiden Toren je eine Hütchenraute (18 × 14 Meter) aufbauen.

Die Spieler teilen sich zur gleichen Zahl an den beiden Parcours auf. Die Positionen B–D einfach besetzen und der Rest geht mit Bällen zur Startposition A.

Beide Seiten starten gleichzeitig. A passt nach innen zu D, D lässt zurückklatschen, A spielt zu C, C lässt nach außen auf B klatschen und B spielt in die Tiefe zu D. D nimmt den Ball kurz Richtung Tor mit und kommt zum Torabschluss.

Die Spieler wechseln entgegen dem Uhrzeigersinn eine Position weiter. D stellt sich mit Ball bei A neben dem Tor an.

Spieleranzahl: 2–4 Torhüter. 6–22 Feldspieler. Bei weniger als zehn Feldspielern Ablauf nur von einer Seite.

Wettbewerb: Welcher Spieler erzielt zuerst 5 Tore (16 Meter minimale Torschussdistanz)?

Variation: Zur Verbesserung der Beidfüßigkeit die Parcours auf der anderen Torseite aufbauen. Wechsel der Positionen dann im Uhrzeigersinn.

Tipp: Offene Stellung beim Passspiel. Jeweils in den hinteren Fuß spielen. Den Pass in die Tiefe zu D optimal timen.

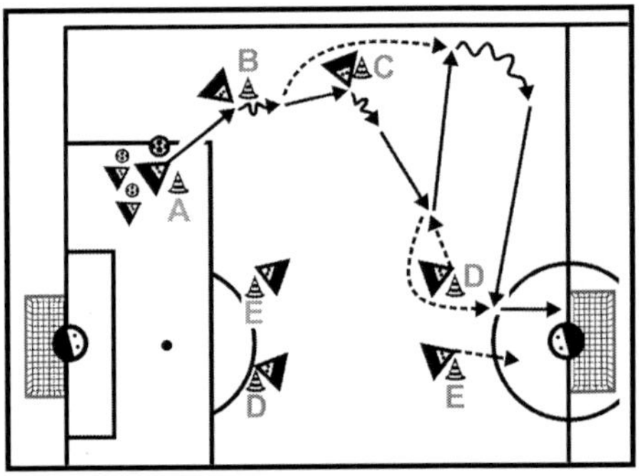

Organisation & Ablauf

Ein mobiles Tor auf die Mittellinie stellen und zu jedem Tor einen Parcours mit folgenden Positionen aufbauen: IV (A), AV (B), MA (C), ST (D) und 10er / MA (E).

Die Spieler teilen sich zur gleichen Zahl an den beiden Parcours auf. Die Positionen B–E einfach besetzen und der Rest geht mit Bällen zur Startposition A.

A passt zu B, B spielt den Ball mit dem zweiten Ballkontakt zu C, C dribbelt nach innen, B hinterläuft C, D löst sich und startet C entgegen, C passt zu D, D lässt nach außen zu B klatschen und B flankt vor das Tor zu D oder E.

Die Spieler wechseln eine Position weiter. Spieler E holt den Ball und stellt sich am anderen Parcours bei A an.

Spieleranzahl: 2–4 Torhüter. 7–22 Feldspieler. Bei weniger als zwölf Feldspielern Ablauf nur von einer Seite.

Wettbewerb: Die Spieler D und E erhalten bei einem Tor einen Punkt. Welcher Spieler erreicht zuerst fünf Punkte?

Variation: Position C weiter innen stellen und C muss sich für ein Zuspiel von B erst nach außen lösen.

Tipp: Offene Stellung. In den hinteren Fuß spielen. Explosionsartiges Lösen von D. Die Flanke genau beobachten und aus der Bewegung heraus verwerten.

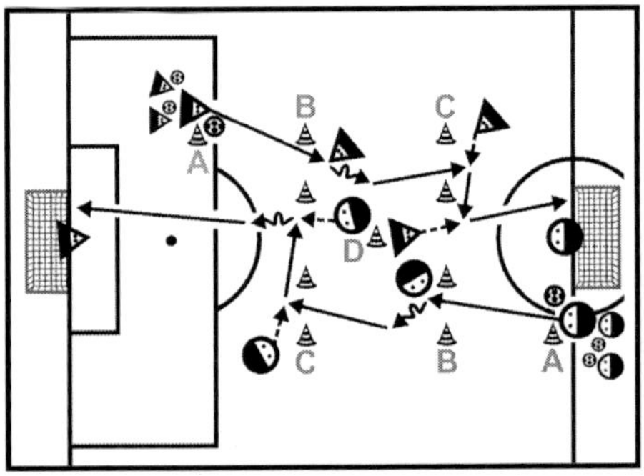

Organisation & Ablauf

Ein mobiles Tor auf die Mittellinie stellen und zu jedem Tor einen Parcours mit folgenden Positionen aufbauen: IV (A), 6er (B), ST (C) und 10er (D).

Die Spieler teilen sich zur gleichen Zahl an den beiden Parcours auf. Die Positionen B–D einfach besetzen und der Rest geht mit Bällen zur Startposition A.

Spieler A passt zu B, B dreht nach Kommando von A auf, B passt in die Tiefe zu C und C lässt auf D klatschen. D kommt zum Torabschluss.

Die Spieler wechseln eine Position weiter. Spieler D holt den Ball und stellt sich am anderen Parcours bei A an.

Spieleranzahl: 2–4 Torhüter. 6–22 Feldspieler. Bei weniger als zehn Feldspielern Ablauf nur von einer Seite.

Wettbewerb: Welcher Spieler erzielt zuerst fünf Tore? Die minimale Torschussdistanz beträgt 16 Meter.

Variation: Zur Verbesserung der Beidfüßigkeit die Übung von der anderen Torseite ablaufen lassen. Dazu muss man nur die Position A umstellen.

Tipp: Spieler C steht zunächst außen und bietet sich im Moment der Ballannahme von B in der Gasse (Hütchentor) für ein Zuspiel an. Dieses leitet er direkt auf D weiter. Zielstrebiger Torabschluss.

B: Flügelspiel

Kopfball, Flugball & Hinterlaufen

Ein Lehrgrundsatz lautet, dass man so trainieren sollte, wie man spielen will. Da im Kombinationsfußball ein Flügelspiel mit Flugbällen und Offensivkopfbällen kaum vorgesehen ist, sollte man diese Techniken nicht zeitaufwändig trainieren. Es ist ausreichend, diese im Zyklus der anderen B-Trainingseinheiten zu setzen, aber dann mit dem Hinterlaufen zu kombinieren. Die Einzelelemente Kopfball, Flugball und Hinterlaufen lassen sich auch in anderen Spielsituationen anwenden.

Das Hinterlaufen praktiziert hauptsächlich nur der AV, um am Flügel Überzahl zu schaffen. Das Hinterlaufen erfolgt in einem kleinen Bogen und im höchsten Tempo. Die Mitspieler erhalten ein Signal über die Aktion. Der hinterlaufene MA vergrößert den Raum für AV, indem er nach innen dribbelt. Neben einem Pass zum Hinterlaufenden kann MA auch zum Torabschluss kommen oder einen entgegenstartenden ST anspielen. Passt MA zu ST, läuft dieser Richtung Zentrum und bietet sich dort an. ST spielt jetzt entweder AV als Dritten an oder passt ins Zentrum zu MA.

Gerät man beim Spielaufbau unter Druck und man verfügt über keinen offenen Passweg, kann man mit einem Flugball die ballnahen Gegner überspielen. Ist die gegnerische Abwehr vorgerückt und weicht nicht zurück, wenn der Ballführende ohne Druck ist, kann man einen Flugball über die Abwehr zu einem schnellen ST spielen.

Befindet sich der Ballführende außen an der gegnerischen Grundlinie und besitzt keine Anspielstation, so sollte eine Flanke vor das Tor erfolgen. Bei der Flanke ist zu beachten, dass man sich den Ball mit dem vorletzten Kontakt leicht nach innen vorlegt, das Standbein seitlich hinterm Ball aufsetzt, mit dem Schussbein ausholt, den Fuß fixiert und durch das Zentrum des Balls schwingt. Damit der Ball eine hohe Flugkurve erhält, muss man ihn unterhalb des Zentrums treffen, die Fußspitze leicht nach außen drehen und die Ferse nach oben richten.

Der Offensivkopfball hat im Kombinationsfußball nur bei Standards eine größere Bedeutung. Hier gilt es, die Dynamik des Anlaufs in den Kopfball zu übertragen und den Ball oberhalb seines Zentrums zu treffen. So senkt er sich für den TW schwer haltbar nach unten. Beim Kopfball lässt man die Augen offen und trifft den Ball genau mit der Stirn. Die Nackenmuskulatur (Kinn zeigt zur Brust) ist anzuspannen und man holt Schwung aus dem Rücken, um den Ball druckvoll köpfen zu können.

Der Defensivkopfball wird gegen Teams, die Kick and Rush spielen, häufig vorkommen. Hier gilt es, den Ball unterhalb seines Zentrums zu treffen, damit er nach oben steigt. Köpft man aus dem Stand, geht man dazu in die Schrittstellung (ballferner Fuß vor) und die ballnahe Schulter dreht beim Köpfen nach vorne. Für einen Sprung zum Kopfball geht man leicht in die Hocke, holt mit den Armen Schwung und steigt mit geschlossenen Beinen nach oben. Der Kopfball kann zwischendurch immer wieder trainiert werden, indem sich zwei Spieler gegenseitig einen Ball zuwerfen.

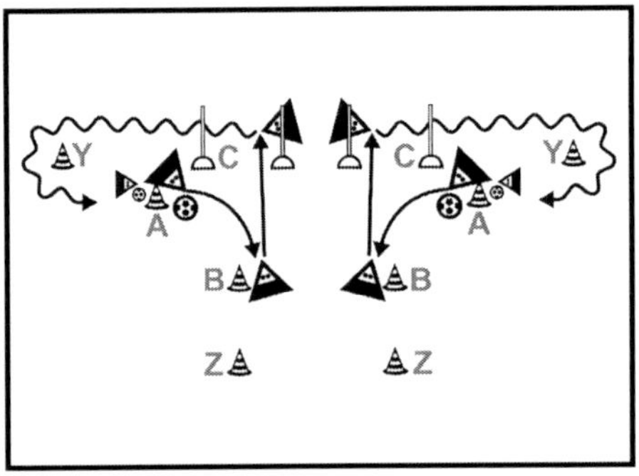

Organisation & Ablauf

10 Meter neben dem Stangentor C (Breite: 3 Meter) das Wendehütchen Y stellen. 10 und 15 Meter vor C die Positionen B und Z aufbauen. Auf halber Strecke zwischen Y und B steht das Starthütchen B.

2–4 Spieler mit Bällen zu A, und je ein Spieler zu B und hinters Stangentor C.

Spieler A wirft B einen Ball zum Kopfball zu. B köpft den Ball durch das Stangentor. C dribbelt mit dem Ball um das Wendehütchen und stellt sich bei A an.

A wechselt nach dem Wurf zu B und B nach dem Kopfball hinters Stangentor.

Spieleranzahl: 4–6 Spieler.

Wettbewerb: Welches Team köpft in 4 Minuten häufiger durch ihr Stangentor?

Variation: Wechsel zum spiegelverkehrt aufgebauten Parcours. Mögliche Kopfballarten: Kopfball-Aufsetzer aus dem Stand. Kopfball hoch aus dem Stand. Kopfball-Aufsetzer aus dem Lauf mit und ohne Sprung (anstatt B Hütchen Z besetzen). Kopfball hoch aus dem Lauf mit und ohne Sprung.

Tipp: Nach dem Dribbling zu A den Ball mittels jonglieren in die Hand bringen. Hohe Kopfbälle auf Brusthöhe spielen, damit diese auch fußballtechnisch verarbeitet werden können.

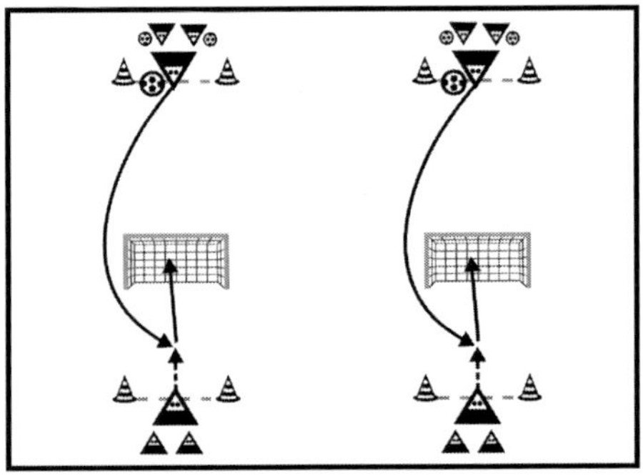

Organisation & Ablauf

10 Meter vor und 20 Meter hinter einem Jugendtor eine Startlinie markieren.

Die Spieler teilen sich zur gleichen Zahl an den beiden Startlinien auf. Die Spieler hinter dem Jugendtor haben Bälle.

Der erste Spieler hinter dem Jugendtor spielt einen Flugball so über das Jugendtor, dass der erste Spieler auf der anderen Seite den Ball ins Tor köpfen kann.

Nach jeder Aktion wechseln die Spieler ihre Seiten.

Spieleranzahl: 6–11 Spieler.

Wettbewerb: Welcher Spieler köpft zuerst 6 Tore? Zwei direkte Treffer mit dem Fuß wird als ein Kopfballtor gewertet.

Variation: Ein Flugkopfballtor wird doppelt gezählt.

Tipp: Positionen im Lauf wechseln. Die Spieler, die hinters Tor wechseln, nehmen immer einen Ball mit.

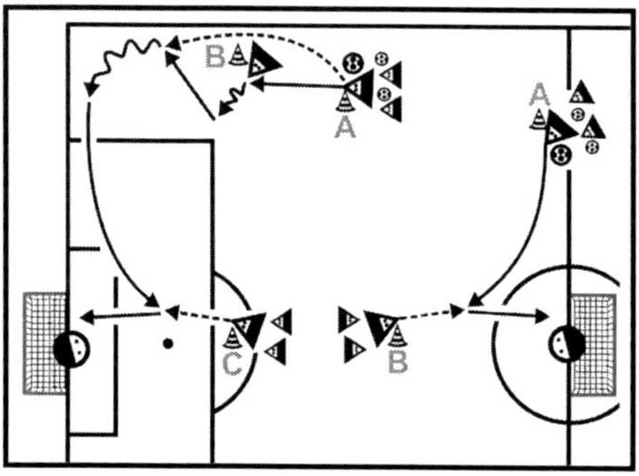

Organisation & Ablauf

Ein Hütchen A außerhalb des Strafraums nahe der Grundlinie stellen und ein zweites Hütchen B zentral vor dem Strafraum (siehe Zeichnung rechtes Tor).

Die Spieler teilen sich zur gleichen Zahl an den beiden Hütchen auf. Die Spieler A haben Bälle.

Spieler A spielt einen Flugball (ruhend oder Ball kurz vorlegen) zu B. B versucht die Flanke ins Tor zu köpfen.

Nach jeder Aktion wechseln die Spieler ihre Positionen.

Spieleranzahl: 6–11 Spieler.

Wettbewerb: Welcher Spieler köpft zuerst 6 Tore? Zwei direkte Treffer mit dem Fuß wird als ein Kopfballtor gewertet.

Variation: Von der anderen Seite flanken. Schwierigkeitsgrad erhöhen, indem man die Flanke jetzt aus dem Lauf heraus spielt. Dazu Hütchen A und B auf die Außenbahn stellen. Hütchen C zentral vor das Tor (siehe Zeichnung linkes Tor). B jetzt einfach besetzen und die restlichen Spieler teilen sich an den Positionen A und C auf. A mit Bällen. A passt zu B und hinterläuft ihn. B dribbelt nach innen, spielt zu A und A flankt nach einem Dribbling bis zur Grundlinie zu C. Nach der Aktion wechselt A zu B, B zu C und C mit Ball zu A.

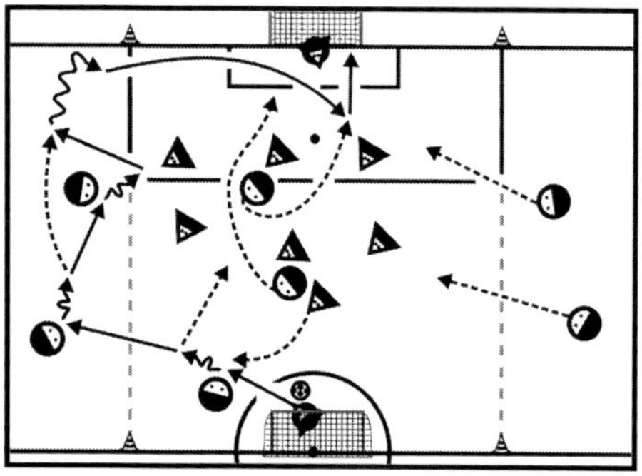

Organisation & Ablauf

In einer Spielfeldhälfte mit zwei besetzten Toren spielen. Das Feld in eine Mittel- und zwei Außenzonen unterteilen.

Es wird 3-3-1 gegen 3-3-1 gespielt.

Es darf immer nur ein Spieler der verteidigenden Mannschaft die Außenzone betreten. Bei jeder Spielunterbrechung Spieleröffnung beim TW des ballbesitzenden Teams.

Spieleranzahl: 14–16 Spieler. Weitere mögliche Grundformation: 3-3-2.

Wettbewerb: Ein Treffer nach einer Flanke zählt doppelt.

Variation: Es dürfen immer zwei Spieler der verteidigenden Mannschaft in die Außenzone.

Tipp: Sofort nachdem AV zu MA passt, hinterläuft AV ihn. MA dribbelt nach innen. Er kommt entweder zum Torabschluss, passt zu ST oder spielt den hinterlaufenden AV an.

B: Situatives Angreifen

Außenverteidiger attackieren

Im Fußball ergeben sich die besten Torchancen nach einer Balleroberung tief in der gegnerischen Hälfte. Die Tordistanz ist kurz und der Gegner ist im Moment des Ballverlustes aufgefächert. Wer den Ball jedoch weit vorne erobern will, muss als Team geschlossen weit vorrücken. Durch ein weites Vorrücken entsteht aber auch ein großer Raum im Rücken der Abwehr. Es lässt sich immer dann gefahrlos vorrücken, wenn der Gegner keinen Flugball über die Abwehr spielen kann. Dies ist u. a. gegeben, wenn im Spielaufbau ein Pass in den Rücken eines AV erfolgt.

Entscheidet man sich für das Agieren im **Mittelfeldpressing** (kompakt im mittleren Spielfelddrittel den Gegner erwarten), ist dies ein Kompromiss zwischen Torsicherung und Angriffsfußball. Zunächst lässt man den Gegner beim Spielaufbau etwas Raum und sobald dieser sich auf Schlagdistanz der Angreifer befindet, startet das Pressing. Spielt er nun im Spielaufbau einen Fehlpass in den Rücken des AV, beginnt sofort und unabhängig von der Distanz zu den Angreifern das Pressing.

Muss AV einen solchen Fehlpass erlaufen, befindet er sich mit dem Rücken zum Spiel und kann daher das Spielgeschehen kaum wahrnehmen. Das Verteidiger-Team nutzt dies, um sofort geschlossen den AV zu attackieren. Der ballnächste Spieler läuft in den Rücken des AV, um ein Aufdrehen zu verhindern. Die Mitspieler stellen Anspielstationen zu. Dabei agieren sie gestaffelt zueinander. AV kann so kaum durch Lücken passen. Ein zweiter Spieler attackiert AV von der Seite und zwingt ihn zum Aufdrehen. Er dreht in den Gegner hinein. Im Moment des Aufdrehens ist der Ball frei und kann erobert werden. Kein Foul spielen.

Damit AV wirklich geschlossen vom ganzen Team attackiert wird, sollte dieses sogenannte situative Pressing mit einem lauten Signal eines Spielers (ST) einhergehen. Nach der Balleroberung spielt man möglichst schnell Richtung Tor. Der Fehlpass zu AV erfolgt meistens vom IV oder 6er. Man kann aber auch selbst den Ball in den Rücken des gegnerischen AV spielen und AV dann geschlossen attackieren. Dieses taktische Mittel kann man gegen einen technisch schwachen AV und direkt nach einem Anstoß einsetzen.

Die erste Übung aus diesem Kapitel absolvieren alle Spieler gleichzeitig. Danach wird die Trainingsgruppe geteilt. Eine Gruppe spielt 4 gegen 4 auf Minitore und die andere spielt auf Ballhalten im Quadrat. Nach der Hälfte der Zeit wechseln die Gruppen. Zum Schluss erfolgt ein Abschlussspiel mit der kompletten Mannschaft.

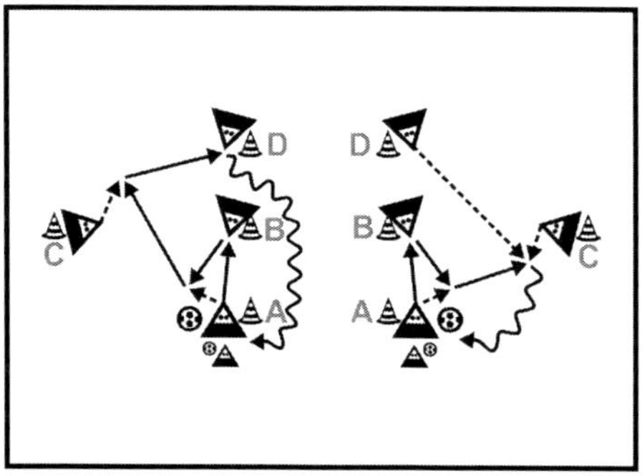

Organisation & Ablauf

Drei Hütchen (A, B, D) im Abstand von 8 Metern hintereinander aufstellen. 15 Meter seitlich von B Position C markieren.

Die Positionen B, C und D einfach besetzen. Zwei bis vier Spieler mit Bällen zum Starthütchen A.

Spieler A passt zu B, B lässt leicht in den Raum Richtung C klatschen. A spielt nun wahlweise in die Vorwärtsbewegung oder in den Rücken von C. Je nach Entscheidung wird der Ball direkt zu D weitergeleitet (Vorwärtsbewegung) und D dribbelt zum Starthütchen. Beim Pass in den Rücken von C läuft D fast auf Körperkontakt in den Rücken von C. C dreht auf, D übernimmt den Ball und dribbelt zum Starthütchen.

Alle wechseln eine Position weiter.

Spieleranzahl: 5–7 Spieler.

Wettbewerb: Welches Team dribbelt innerhalb von 4 Minuten häufiger zu A?

Variation: Für einen zweiten Durchgang zum spiegelverkehrt aufgebauten Parcours wechseln.

Tipp: Spieler C simuliert bei dieser Übung den gegnerischen AV. Es soll ein Pass in seinen Rücken erkannt werden. Nach einem Pass in die Vorwärtsbewegung von C dribbelt D anschließend außen um den Parcours zu A.

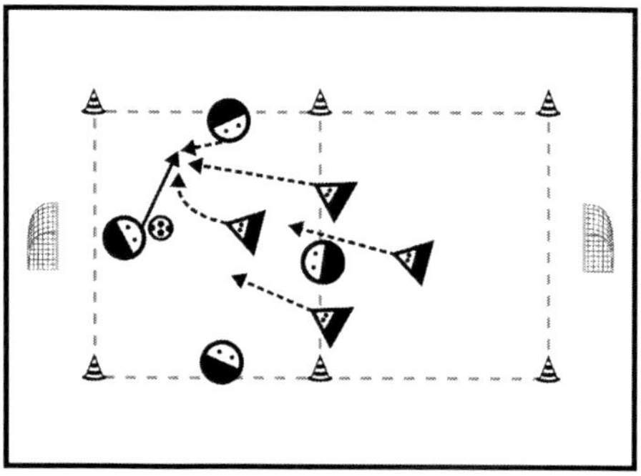

Organisation & Ablauf

Ein Spielfeld (30 × 15 Meter) mit zwei Minitoren aufbauen und eine Mittellinie markieren. Die Minitore stehen zwei Meter hinter den Grundlinien.

Zwei 4er-Teams (1-2-1) bilden.

Das Verteidiger-Team verdichtet das Zentrum. Angreifer-ST provoziert durch das Zustellen einer Seite einen Pass zum „schwächeren" AV. Er folgt diesem Pass im Bogenlauf und verhindert so einen Rückpass. Wird AV nicht in die Vorwärtsbewegung angespielt, wird er sofort vom ST und MA gedoppelt. Die anderen beiden Mitspieler stellen dann Passoptionen in der Tiefe und Breite zu. Bei einem Pass in die Vorwärtsbewegung gilt es zurückzuweichen. Abseits beachten.

Spieleranzahl: 8 oder 12 Spieler. Bei 12 Spielern pausiert immer ein Team und wechselt mit dem Team, welches ein Gegentor bekam.

Wettbewerb: Welches Team schießt innerhalb von 4 Minuten mehr Tore?

Variation: AV haben zwei Pflichtkontakte. IV müssen direkt spielen. Anstatt Minitore auf besetzte Großtore in einem Feld von 40 × 20 Metern spielen.

Tipp: ST signalisiert lautstark den Beginn des Pressings.

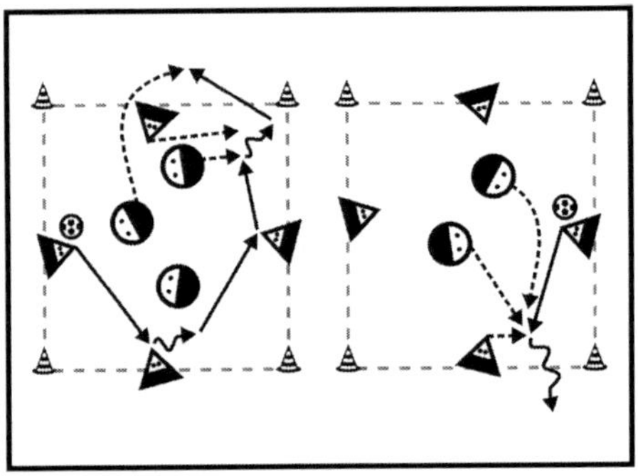

Organisation & Ablauf

Ein Quadrat (10 × 10 Meter) markieren.

Vier Angreifer und 1–3 Verteidiger bestimmen.

Im Quadrat wird auf Ballhalten ohne Kontaktbegrenzung gespielt. Fünf Passfolgen ergeben einen Punkt für die Angreifer. Dribbelt ein Verteidiger aus dem Feld, erhalten diese ebenfalls einen Punkt. Siehe Abbildung rechts.

Nach drei Minuten neue Verteidiger bestimmen.

Spieleranzahl: 5–7 Spieler.

Wettbewerb: Welches Team hat nach drei Minuten mehr Punkte?

Variation: Wird mit nur einem Verteidiger gespielt, so erhält er einen Punkt, indem er den Ball nach seinem dritten Ballkontakt in Folge flach aus dem Feld spielt. Drei Verteidiger erzielen einen Punkt, indem sie einen Mitspieler außerhalb des Quadrats flach anspielen. Siehe Abbildung links.

Tipp: Die Angreifer streben nach einem Ballverlust eine sofortige Ballrückgewinnung an. Die Rückgewinnung des Balls simuliert einen Ballgewinn beim AV. Ein Spieler stellt sich in seinen Rücken, ein Spieler geht direkt auf den Ball und die anderen beiden Spieler stellen Anspielstationen zu.

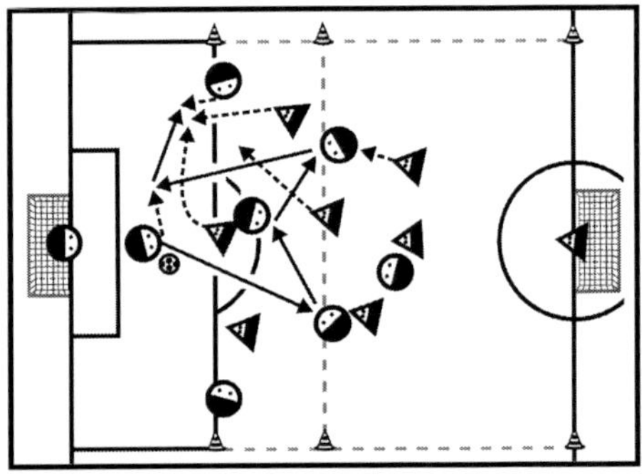

Organisation & Ablauf

Ein Spielfeld bis zur Mittellinie und auf Strafraumbreite markieren. Auf zwei besetzte Großtore spielen.

Es wird 3-3-1 gegen 3-3-1 gespielt.

Das Verteidiger-Team besetzt immer das mittlere Spielfelddrittel. Mit der Spieleröffnung des gegnerischen TW rücken sie einige Meter vor. Durch Verdichtung des Zentrums provozieren sie Pässe nach außen. Je nach Passqualität zum AV aggressives Pressing oder Raum zustellen. Gelingen dem Verteidiger-Team sechs Passfolgen in der eigenen Hälfte (bei Ballkontakt des TW neu zählen), zählt dies als Tor.

Spieleranzahl: 14–16 Spieler plus TW. Weitere mögliche Grundformation: 3-1-3-1.

Wettbewerb: Welches Team gewinnt das Spiel?

Variation: Kommt das Verteidiger-Team kaum aus der eigenen Hälfte, dann das Spielfeld etwas verbreitern. Gewinnt das Angreifer-Team kaum einen Ball in der gegnerischen Hälfte, dann dürfen die IV nur noch direkt spielen und die AV haben zwei Pflichtkontakte.

Tipp: Angreifer-Team geschlossen und nach einem Kommando des ST agieren. Ball nachjagen.

El Rondo

Ballzirkulation in Kleingruppen

Auf den folgenden Seiten werden Spiele auf Ballhalten für vier, fünf, sechs, sieben und acht Spieler beschrieben. Für jede Spieleranzahl gibt es zwei verschiedene Spielformen. Jede Spielform lässt sich auf kleinem Raum mit wenig Material und vielen Aktionen für die Spieler organisieren.

Diese „kleinen" Ballzirkulationsspiele sind in erster Linie dafür gedacht, übrigbleibende Spieler zu „parken". Dies kann bei den **A- und B-Trainingseinheiten** im Hauptteil wie auch beim Abschlussspiel vorkommen. Die übrigbleibenden Spieler werden hier nicht nur einfach beschäftigt, sondern werden im zentralen Schwerpunkt dieses Buches – dem Kombinationsspiel – trainiert. Diese kleinen Spiele auf Ballhalten werden im spanischen Fußball „El Rondo" genannt. Da die Spanier führend im Kombinationsfußball sind, wird dieser Begriff hier verwendet.

Beim El Rondo ist der Lerneffekt besonders groß, u. a. weil es den Spielern viel Spaß macht. Man hat fast ununterbrochen Aktionen und kann den Gegner allein mit seinen technischen Fähigkeiten überlisten. Eine kleine Körpertäuschung in die eine Richtung und ein präziser Pass in die andere Richtung. Die Spielfeldgröße ist immer dem Leistungsstand der Spieler anzupassen. Der Ball soll bei großem Engagement der Überzahlspieler flüssig zirkulieren.

Bei Trainermangel kann man das El Rondo den Spielern allein überlassen. Besser ist es aber, hier über einen coachenden Co-Trainer zu verfügen. Dieser kann korrigieren, motivieren und für einen unterbrechungsfreien Ablauf des Spiels sorgen. Im Idealfall kennt der Co-Trainer alle folgenden Spielformen auswendig und kann auf unterschiedliche Spieleranzahl spontan reagieren.

Werden diese Spielformen parallel zum „großen" Ballzirkulationsspiel einer **A-Trainingseinheit** absolviert, müssen die Spieler nicht unbedingt die Gruppen wechseln, da sie im gleichen Schwerpunkt sind. Müssen die Spieler jedoch bei einer **B-Trainingseinheit** im El Rondo „geparkt" werden, weil vielleicht für die zur Verfügung stehende Spieleranzahl keine entsprechende Trainingsform bekannt ist, so wechseln sie nach der Hälfte der Zeit die Aufgabe mit den anderen Spielern. So gewährleistet man, dass alle Spieler in allen Trainingsformen einer **B-Trainingseinheit** mitwirken.

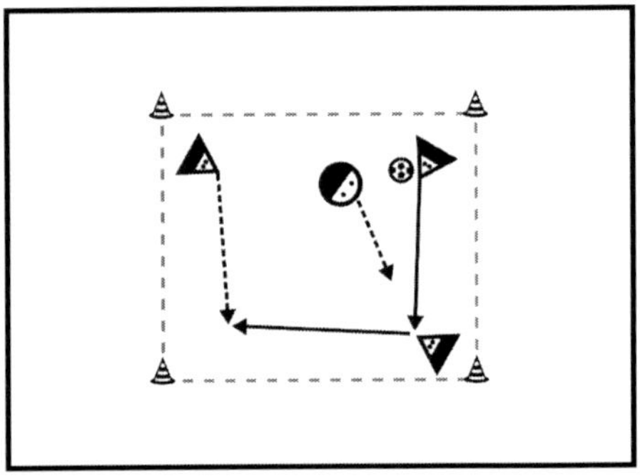

Organisation & Ablauf

Ein Quadrat (10 × 10 Meter) aufbauen.

Drei Angreifer und einen Verteidiger bestimmen.

Im Quadrat spielen die Angreifer mit maximal zwei Ballkontakten gegen den Verteidiger auf Ballhalten.

Sobald der Verteidiger den Ball berührt, wechselt dieser mit dem fehlerverursachenden Angreifer Position und Aufgabe.

Spieleranzahl: 4 Spieler.

Wettbewerb: Ab zehn Passfolgen muss der Verteidiger eine zusätzliche Runde in der Mitte absolvieren.

Variation: Das Quadrat auf 8 × 8 Meter verkleinern. Nur Direktspiel.

Tipp: Genügend Ersatzbälle bereithalten. Einen Positionswechsel zügig absolvieren und die neue Runde schnell starten.

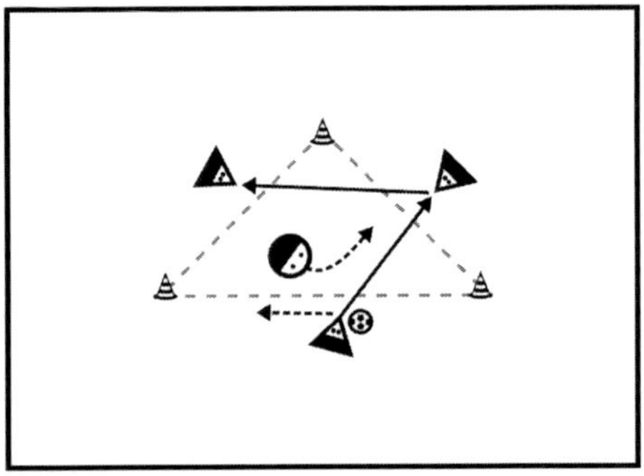

Organisation & Ablauf

Ein Dreieck (Seitenlänge: 5 Meter) aufbauen.

Drei Angreifer und einen Verteidiger bestimmen. Der Verteidiger steht im Dreieck und die Angreifer hinter je einer Feldseite.

Die Angreifer spielen mit maximal zwei Ballkontakten gegen den Verteidiger auf Ballhalten. Der Ball soll ständig rollen.

Sobald der Verteidiger den Ball berührt, wechselt dieser mit dem fehlerverursachenden Angreifer Position und Aufgabe.

Spieleranzahl: 4 Spieler.

Wettbewerb: Ab zehn Passfolgen muss der Verteidiger eine zusätzliche Runde im Dreieck absolvieren.

Variation: Die Feldgröße dem Leistungsstand anpassen.

Tipp: Genügend Ersatzbälle bereithalten. Einen Positionswechsel zügig absolvieren und die neue Runde schnell starten.

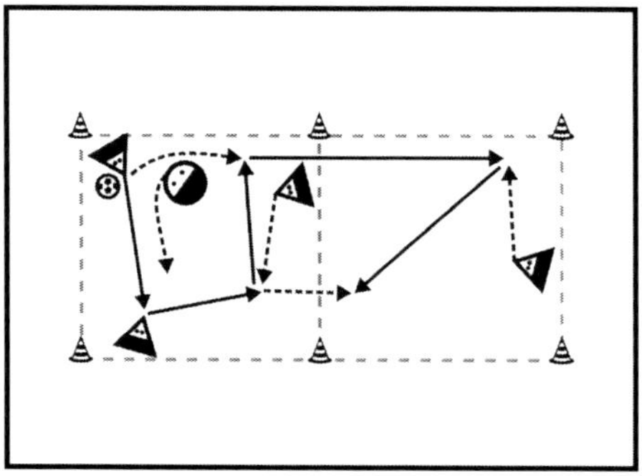

Organisation & Ablauf

Ein Feld (16 × 8 Meter) aufbauen und eine Mittellinie markieren.

Vier Angreifer und einen Verteidiger bestimmen. Drei Angreifer befinden sich mit dem Verteidiger in einer Hälfte und in der anderen Hälfte steht maximal tief der vierte Angreifer.

In einer Spielfeldhälfte spielen die drei Angreifer mit maximal zwei Ballkontakten gegen den Verteidiger auf Ballhalten. Ab der fünften Passfolge dürfen sie das Spiel zum vierten Angreifer in der anderen Hälfte verlagern. Mit diesem Pass rücken zwei Angreifer und der Verteidiger nach und es wird nun in der anderen Hälfte 3 gegen 1 auf Ballhalten gespielt.

Sobald der Verteidiger den Ball berührt, wechselt dieser mit dem fehlerverursachenden Angreifer Position und Aufgabe.

Spieleranzahl: 5 Spieler.

Wettbewerb: Nach fünf Spielverlagerungen muss der Verteidiger eine „Extrarunde“ absolvieren.

Variation: Die Feldgröße dem Leistungsstand anpassen. Direkt nach der fünften Passfolge muss die Spielverlagerung erfolgen.

Tipp: Spielverlagerungen druckvoll spielen und sich direkt wieder anbieten.

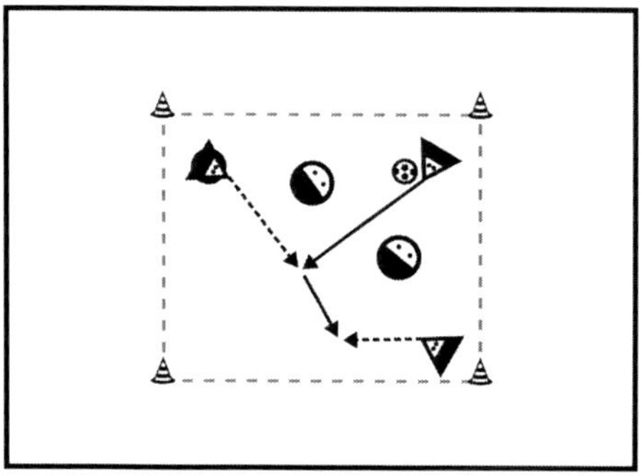

Organisation & Ablauf

Ein Quadrat (12 × 12 Meter) aufbauen.

Zwei 2er-Teams bilden und einen neutralen Spieler bestimmen.

Im Quadrat spielen die beiden Teams auf Ballhalten gegeneinander. Der Neutrale ist beim ballbesitzenden Team. So ergibt sich immer ein 3-gegen-2.

Spieleranzahl: 5 Spieler.

Wettbewerb: Kann der Neutrale einen Pass zum Dritten absolvieren, erhält das entsprechende Team einen Punkt.

Variation: Die Feldgröße dem Leistungsstand anpassen.

Tipp: Genügend Ersatzbälle bereithalten. Den Ball direkt spielen oder mit dem ersten Ballkontakt in den freien Raum mitnehmen.

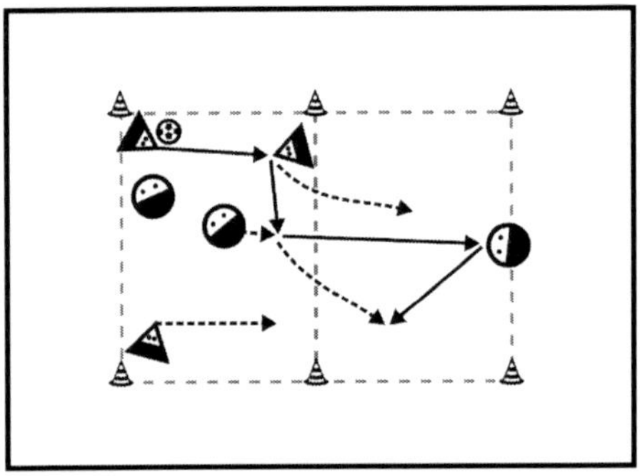

Organisation & Ablauf

Ein Quadrat (12 × 12 Meter) aufbauen und eine Mittellinie markieren.

Zwei 3er-Teams bilden. Ein Team steht komplett mit zwei Spielern des anderen Teams in einer Spielfeldhälfte. Der dritte Spieler des zweiten Teams steht maximal tief in der anderen Spielfeldhälfte.

In einer Spielfeldhälfte wird nun 3 gegen 2 mit maximal zwei Ballkontakten auf Ballhalten gespielt. Sobald das Unterzahl-Team den Ball erobert, passt es zum Mitspieler in der anderen Hälfte. Die zwei Unterzahl-Spieler folgen ihrem Pass zusammen mit zwei gegnerischen Spielern und jetzt wird in der anderen Spielfeldhälfte 3 gegen 2 gespielt.

Spieleranzahl: 6 Spieler.

Wettbewerb: Für fünf Passfolgen gibt es einen Punkt.

Variation: Es wird jeweils 3 gegen 1 gespielt und zwei Spieler des Unterzahl-Teams warten in der anderen Spielfeldhälfte. Nur Direktspiel.

Tipp: Genügend Ersatzbälle bereithalten. Spielt das Überzahl-Team ins Seitenaus, nimmt sich der wartende Spieler des anderen Teams sofort einen Ball und es wird in der anderen Hälfte auf Ballhalten gespielt.

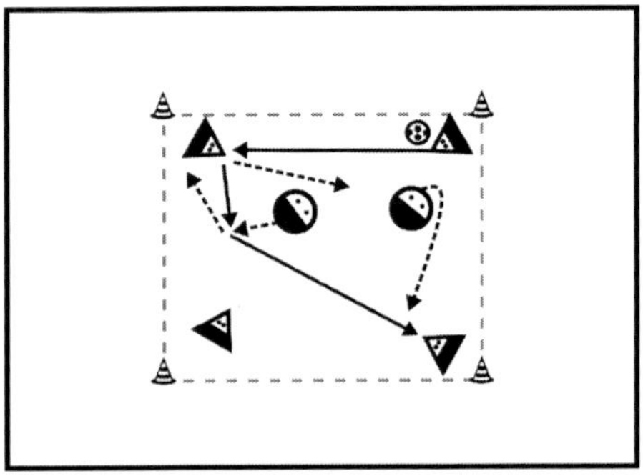

Organisation & Ablauf

Ein Quadrat (10 × 10 Meter) aufbauen.

Vier Angreifer und zwei Verteidiger bestimmen.

Im Quadrat spielen die Angreifer mit maximal zwei Ballkontakten gegen die Verteidiger auf Ballhalten.

Erobert ein Verteidiger den Ball, muss er diesen zu einem Angreifer passen (der nicht den Fehlpass gespielt hat), um mit dem Fehlerverursacher Position und Aufgabe zu wechseln. Der Wechsel erfolgt fließend – also ohne Unterbrechung. Der Fehlerverursacher darf nachsetzen, um einen Pass des Verteidigers zu einem anderen Angreifer zu verhindern und somit nicht wechseln zu müssen.

Spieleranzahl: 6 Spieler.

Wettbewerb: Bei 20 Passfolgen müssen die Verteidiger zehn Liegestütze machen.

Variation: Die Feldgröße dem Leistungsstand anpassen. Eventuell die Ballkontaktzahlen erhöhen.

Tipp: Genügend Ersatzbälle bereithalten. Ist ein Spieler länger als zwei Minuten Verteidiger, bestimmt der Trainer einen Wechsel mit einem Angreifer. Wird der Ball von den Angreifern aus dem Feld gespielt, werden Passgeber und Passempfänger zu Verteidigern.

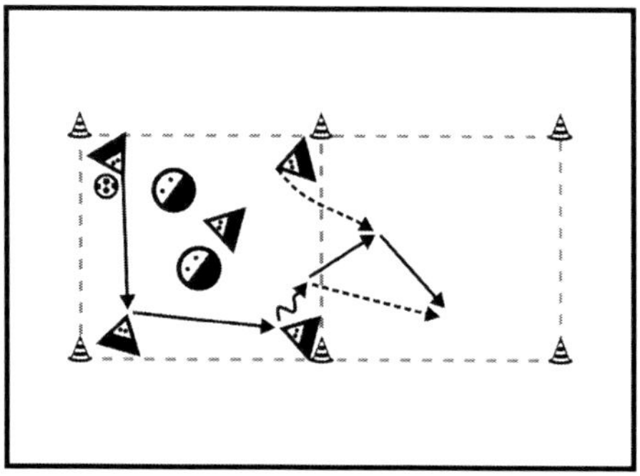

Organisation & Ablauf

Ein Feld (16 × 8 Meter) aufbauen und eine Mittellinie markieren.

Fünf Angreifer und zwei Verteidiger bestimmen.

In einer Spielfeldhälfte spielen die fünf Angreifer mit maximal zwei Ballkontakten gegen zwei Verteidiger auf Ballhalten. Ab der fünften Passfolge darf sich ein Angreifer in die andere Hälfte absetzen und dort von einem Mitspieler angespielt werden. In diesem Fall rücken alle Spieler nach und es wird in der anderen Hälfte 5 gegen 2 auf Ballhalten gespielt. Setzt sich einmal ein Angreifer in die andere Hälfte ab, so darf er nicht wieder zurück.

Nach drei Minuten zwei neue Verteidiger bestimmen.

Spieleranzahl: 7 Spieler.

Wettbewerb: Für jeden Pass in die andere Hälfte erhalten die Angreifer einen Punkt. Werden mehr als 10 Punkte erzielt, absolvieren die Verteidiger eine „Strafe".

Variation: Je nach Leistungsstand die Ballkontaktzahlen erhöhen.

Tipp: Genügend Ersatzbälle bereithalten.

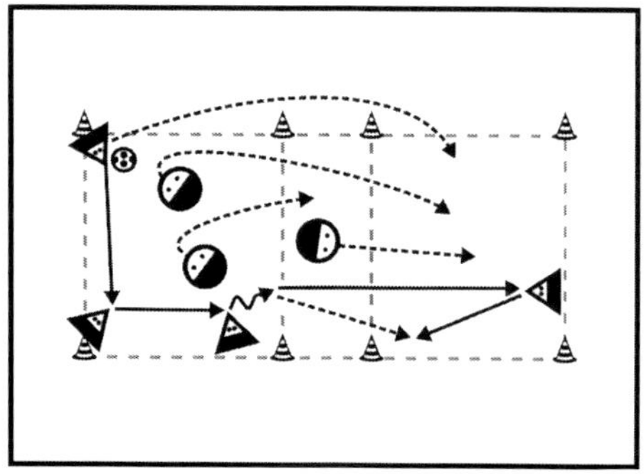

Organisation & Ablauf

Ein Feld (20 × 10 Meter) aufbauen und eine Mittelzone (Tiefe: 2 Meter) markieren.

Vier Angreifer und drei Verteidiger bestimmen. Drei Angreifer mit Ball und zwei Verteidiger in eine Spielfeldhälfte. Ein Verteidiger in die Mittelzone und ein Angreifer in die andere Hälfte.

Es wird 3 gegen 2 auf Ballhalten gespielt. Die Angreifer versuchen das Spiel zum vierten Angreifer in die andere Hälfte zu verlagern. Gelingt dies, rücken zwei Angreifer und zwei Verteidiger (einer davon aus der Mittelzone) nach und es wird in der anderen Hälfte 3 gegen 2 auf Ballhalten gespielt. Der dritte Verteidiger wechselt in die Mittelzone.

Nach drei Minuten drei neue Verteidiger bestimmen.

Spieleranzahl: 7 Spieler.

Wettbewerb: Für jede Spielverlagerung erhalten die Angreifer einen Punkt. Erzielen die Angreifer mehr als 10 Punkte, absolvieren die Verteidiger eine „Strafe"

Variation: Maximal zwei oder drei Ballkontakte je Spieler.

Tipp: Der dritte Verteidiger muss zur Balleroberung immer aus der Mittelzone kommen und darf nicht schon in der Hälfte stehen.

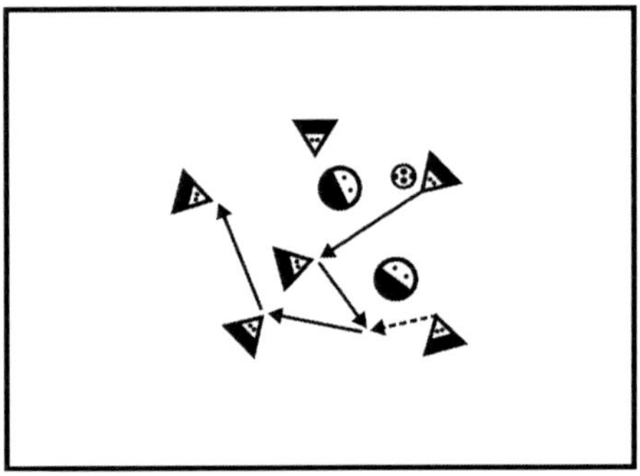

Organisation & Ablauf

Ohne festes Spielfeld.

Sechs Angreifer und zwei Verteidiger bestimmen.

Die Angreifer spielen auf Ballhalten gegen die Verteidiger. Ein Angreifer agiert im Zentrum und die anderen Angreifer außen. Den Raum möglichst eng halten. Bei Bedarf den Raum vergrößern, dann aber wieder verengen. Bei Ballverlust nachsetzen.

Nach zwei Minuten zwei neue Verteidiger bestimmen.

Spieleranzahl: 8 Spieler.

Wettbewerb: Erreichen die Angreifer in zwei Minuten mehr als 50 erfolgreiche Pässe, absolvieren die Verteidiger eine „Strafe".

Variation: Nur Direktspiel oder Ballkontaktzahlen begrenzen.

Tipp: Genügend Ersatzbälle bereithalten. Erobern die Verteidiger den Ball, müssen die Angreifer Gegenpressing spielen, bevor sie weiter Passfolgen „sammeln" können.

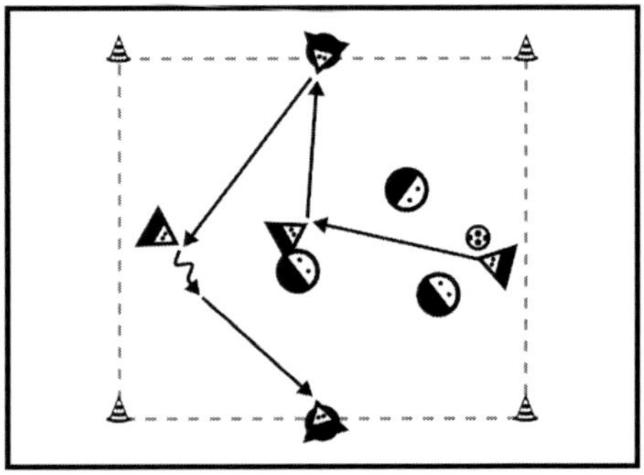

Organisation & Ablauf

Ein Quadrat (15 × 15 Meter) aufbauen.

Zwei 3er-Teams bilden und zwei neutrale Spieler bestimmen. Die Neutralen besetzen die Stirnseiten des Felds und agieren über die komplette Seite. Zwei Spieler von Team A agieren auf den Außenbahnen des Felds und ein Spieler A im Zentrum. Team B befindet sich ebenfalls im Feld.

Team A spielt zusammen mit den Neutralen auf Ballhalten gegen Team B. Erobert Team B den Ball, findet ein fließender Wechsel der Aufgaben und Positionen der beiden Teams statt. Nach einem Ballverlust hat das Team die Möglichkeit, direkt nachzusetzen und den Ball zurückzugewinnen (Gegenpressing).

Spieleranzahl: 8 Spieler.

Wettbewerb: Erreicht ein Team 15 Passfolgen, muss das verteidigende Team eine „Strafe" absolvieren.

Variation: Die Feldgröße dem Leistungsstand anpassen. Ballkontaktzahlen begrenzen.

Tipp: Genügend Ersatzbälle bereithalten. Spielt das ballbesitzende Team ins Seitenaus, findet auch ein Aufgabenwechsel statt.

Standardsituationen

Erfolgreich ausführen & verteidigen

Zugesprochene Freistöße und Eckbälle lassen sich sehr gut zum Erzielen von Toren nutzen. Auf den nächsten Seiten werden einige Varianten für Standardsituationen beschrieben. Die Varianten laufen nach einem festen Muster ab, so dass die Spieler schon die nächste Aktion kennen, bevor sie für den Gegner ersichtlich ist. Dieser Gedanken- und somit auch Handlungsvorsprung verspricht gute Erfolgsaussichten.

Hinzu kommt, dass der Gegner eine Standardsituation aufgrund der Abstandsregel nicht aktiv verteidigen kann. Insgesamt werden drei Eckball- und drei Freistoß-Varianten beschrieben. Diese werden jeweils aus der gleichen Ausgangsposition heraus ausgeführt. Somit kann man sich die verschiedenen Varianten leicht merken und der Gegner kann sich kaum auf diese einstellen.

Die vorgestellten Freistoß-Varianten beziehen sich auf indirekte Freistöße zentral in Tornähe. Freistöße zwischen Seitenlinie und Strafraum lassen sich entsprechend der ebenfalls beschriebenen Eckball-Varianten ausführen. Überlegenswert ist es, ob man Freistöße mit großer Tordistanz nicht besser kurz eröffnet und dann versucht spielerisch zur Torchance zu kommen. Der Gegner kann dann zwar aktiv verteidigen, doch man selbst kann gezielt angreifen und hat in der Regel den ballnahen Raum für sich.

Es wird auch beschrieben, wie man Standardsituationen erfolgreich verteidigt. Freistößen aus dem Halbfeld kann man effektiv mit einer Raumdeckung begegnen. Man steht tief und kompakt vor dem Tor. So ist man nicht gezwungen den Ball aus einer Rückwärtsbewegung nach vorne zu köpfen, sondern kann geradeaus in den Ball starten und ihn so viel einfacher wegköpfen. Aus der fast gleichen Organisation lassen sich auch Eckbälle im Raum verteidigen. Jeder Spieler hat eine feste Position, doch mit der Hereingabe in den Strafraum bewegen sich die Spieler aktiv zum Ball.

Bei Freistößen, die man zentral in Tornähe verteidigen muss, wird eine Variante für experimentierfreudige Trainer vorgestellt. Hier wird eine breite Mauer, die das komplette Tor abdeckt, gebildet. In der Mitte wird eine Lücke für den Torwart gelassen. Der Torwart stellt sich zentral dahinter und hat einen freien Blick auf den Ball.

Das Trainieren von Standardsituationen sollte jedoch nicht zu viel Trainingszeit in Anspruch nehmen. In der Saisonvorbereitung kann man die Mannschaft mit den einzelnen Varianten vertraut machen. Auch am Ende oder nach dem Training kann man hin und wieder eine Variante einstudieren. Es macht sicher auch Sinn, den Spielern die Varianten in schriftlicher Form mitzugeben, damit sie sich immer wieder den Ablauf der Standards ins Gedächtnis rufen können.

Eckball-Varianten

Zwei Spieler sichern den Eckball ab.

Zwei Spieler A und B stellen sich mit erhobenen Armen direkt an den Torwart.

Vier Spieler C, D, E und F stehen im hinteren Bereich der Strafraumgrenze nebeneinander.

Spieler G steht ca. 30 Meter vom Tor entfernt im zentralen Rückraum.

Der Eckball wird vom Tor weggedreht und zum zweiten Pfosten gespielt.

Spieler G kontrolliert die Positionen seiner Mitspieler. Stehen alle korrekt, hebt er den Arm. Danach hebt der Eckschütze den Arm und Spieler A sprintet ihm entgegen.

Spieler D, E, F starten Richtung Tor zum ersten Pfosten, ins Zentrum und zum zweiten Pfosten. Spieler C hinterläuft F und startet zum zweiten Pfosten. Durch das Hinterlaufen ist C nicht direkt im Fokus der Verteidiger.

Jetzt gibt es drei Varianten, den Eckball auszuführen:

Variante 1: Der Eckschütze spielt kurz zu A und A lässt klatschen. Spieler G läuft in den kurzen Rückraum. Der Eckschütze passt zu G und G kommt zum Torabschluss. Diese Variante ist erfolgversprechend gegen Raumdeckung.

Variante 2: Die Ecke wird direkt auf den zweiten Pfosten gespielt. Dreht sich der Ball vom Tor weg, ist er schwerer zu verteidigen und die Angreifer können druckvoller köpfen.

Variante 3: Die Ecke wird kurz ausgeführt und anstatt in den Rückraum zu passen, wird der Ball vom Eckschützen vor das Tor geflankt.

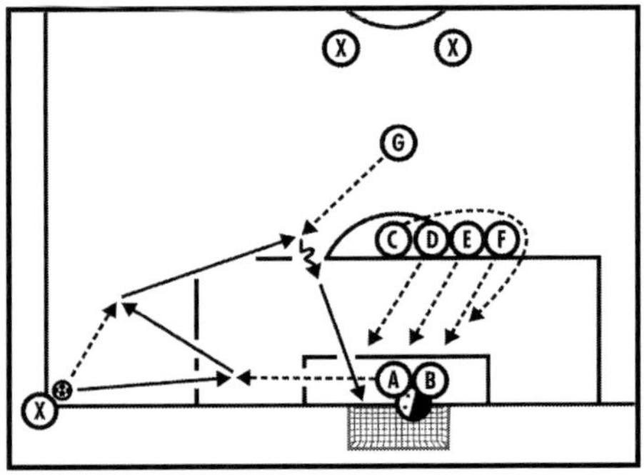

Variante 1: Eckball wird kurz zum entgegenstartenden Spieler ausgeführt. Dieser lässt klatschen und es wird zu einem Spieler im Rückraum zurückgelegt.

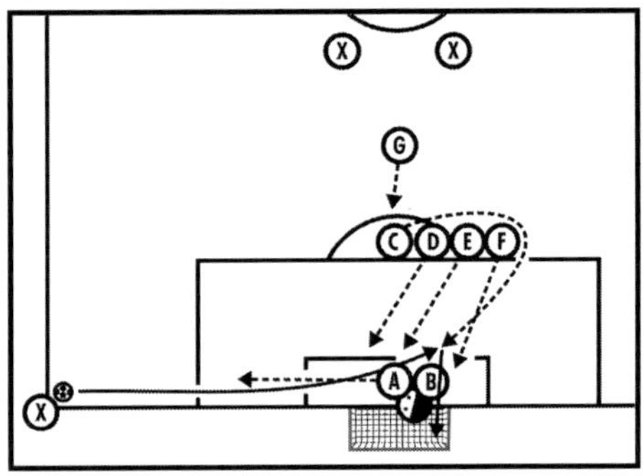

Variante 2: Der Eckball wird lang auf den zweiten Pfosten gespielt. Die vier Spieler von der Strafraumlinie starten Richtung Tor und verwerten den Ball.

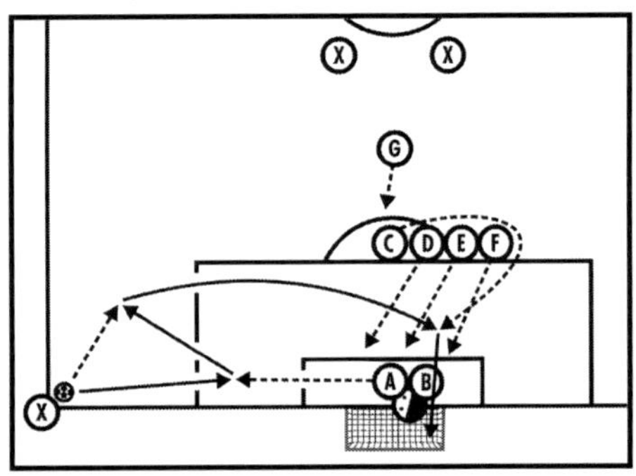

Variante 3: Der Eckball wird kurz ausgeführt. Anstatt in den Rückraum zu passen, wird der Ball vors Tor geflankt.

Freistoß-Varianten

Zwei Spieler sichern den Freistoß ab.

Fünf Spieler stehen am Ball. A täuscht einen Schuss an, indem er über den Ball läuft. D und E stehen links und rechts neben dem Ball. Links und rechts neben A stehen die Freistoßschützen F (Rechtsfuß) und G (Linksfuß).

Spieler B stellt sich immer ans äußere Ende der gegnerischen Mauer.

Spieler C und H stehen als Außenspieler maximal tief (kein Abseits) links und rechts neben dem Strafraum.

Jetzt gibt es drei Varianten, den Freistoß auszuführen. Die zu spielende Variante macht man von der Position des gegnerischen Torwarts abhängig. Steht er zentral im Tor: Variante 3. Steht er in der von der Mauer nicht abgedeckten Ecke, wird Variante 1 oder 2 gespielt.

Jede Variante beginnt gleich. A täuscht einen Schuss an, läuft aber über den Ball. Dann passt D entweder durch die Beine von E zu G oder E durch die Beine von D zu F.

Variante 1: Es wird zu dem Freistoßschützen gespielt, der die offene Torseite vor sich hat. Gleichzeitig läuft der nahe Außenspieler in den Strafraum und erhält einen Pass. Jetzt löst sich Spieler B Richtung Tor und erhält einen Querpass. Auf Abseits achten.

Variante 2: Es wird zu dem Freistoßschützen gespielt, der die geschlossene Torseite vor sich hat. Er versucht außen um die Mauer herum ins Tor zu schießen. Gleichzeitig drückt B die Mauer nach innen. Kein Foulspiel!

Variante 3: Es wird zu dem Freistoßschützen gespielt, der die offene Torseite vor sich hat. Dieser kommt zum Torabschluss.

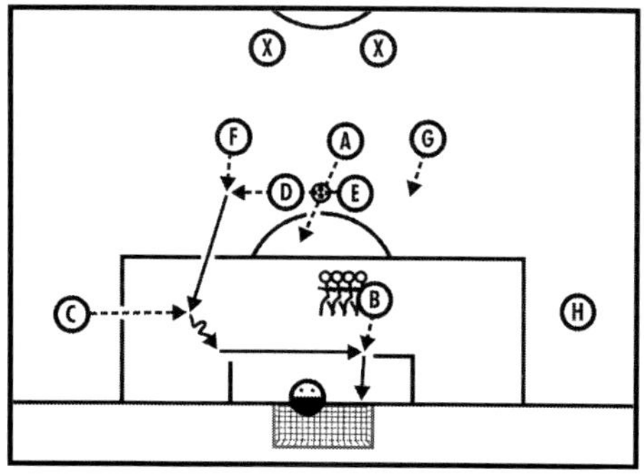

Variante 1: Der Freistoßschütze spielt kurz auf einen in den Strafraum startenden Außenspieler. Dieser legt den Ball hinter der Mauer quer zu B.

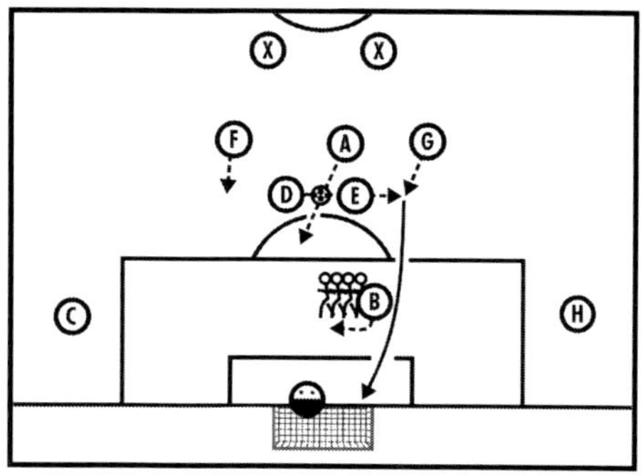

Variante 2: Spieler B drückt die Mauer nach innen. So kann der Freistoß in die offene Torecke geschossen werden.

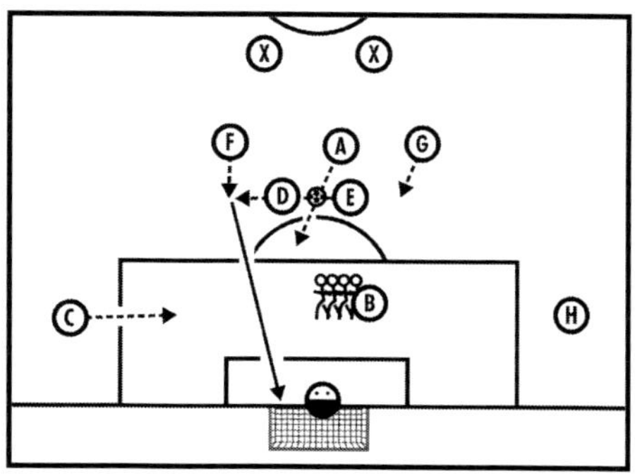

Variante 3: Der Ball wird zu dem Freistoßschützen auf der Seite der Torwartecke aufgelegt. Der Gegner hat kaum Möglichkeiten, den Schuss zu blocken.

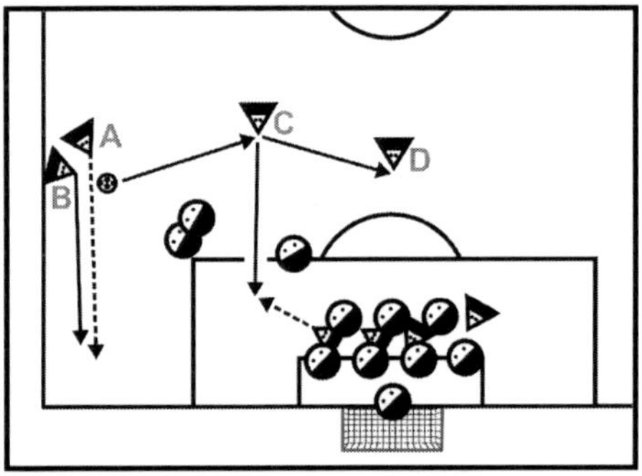

Freistoß vom Halbfeld ausführen (gegen Raumdeckung)

Ein Rechts- (A) und Linksfuß (B) am Ball. Vier Spieler in den Strafraum. Kurz vor der Ausführung des Freistoßes besetzen die Spieler C und D den Rückraum entsprechend der Zeichnung.

Variation 1: Der Linksfuß B passt zu C. Spieler C kann nun entweder in die Tiefe spielen, aufs Tor schießen oder quer zu D passen.

Variation 2: Der Rechtsfuß A läuft über den Ball Richtung Grundlinie. Spieler B passt in den Lauf von A. Je nach Spielsituation folgende Aktion von A: Rückpass, Flanke oder scharfe Hereingabe vor das Tor.

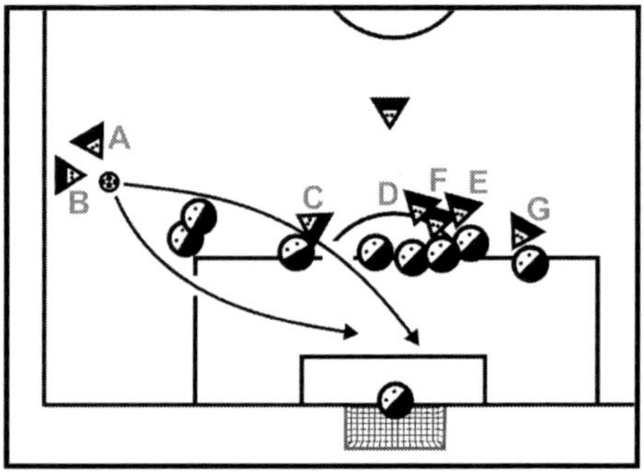

Freistoß vom Halbfeld ausführen (gegen Manndeckung)

Ein Rechts- (A) und Linksfuß (B) am Ball. Rückraum besetzen. Fünf Spieler an die Strafraumgrenze.

Variation 1: Der Rechtsfuß A spielt einen kopfhohen Ball zum ersten Tordrittel (Ball dreht vom Tor weg). Spieler C steht zuvor deutlich Richtung Ball und Spieler G deutlich vom Ball entfernt, um jeweils gegnerische Spieler aus dem Zentrum zu ziehen. Mit dem letzten Schritt von A vor dem Ball starten D, E und F Richtung kurzen Pfosten.

Variation 2: Der Linksfuß B spielt einen überkopfhohen Ball sehr hart auf den zweiten Pfosten. Die Spieler C und G stehen jetzt zusammen mit D, E und F zentral auf der Strafraumgrenze. Mit dem letzten Schritt von B vor dem Ball starten C, D, E und F Richtung Tor und G zum zweiten Pfosten.

Die Kopfballspieler wählen bei Variante 2 einen kürzeren Anlauf als bei Variante 1, da der Ball schneller das Tor erreicht.

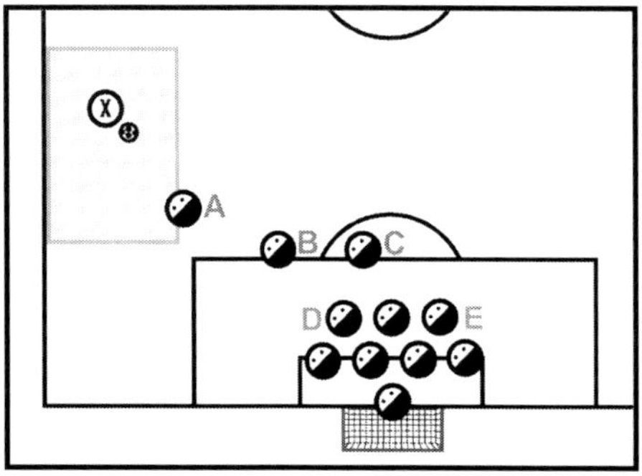

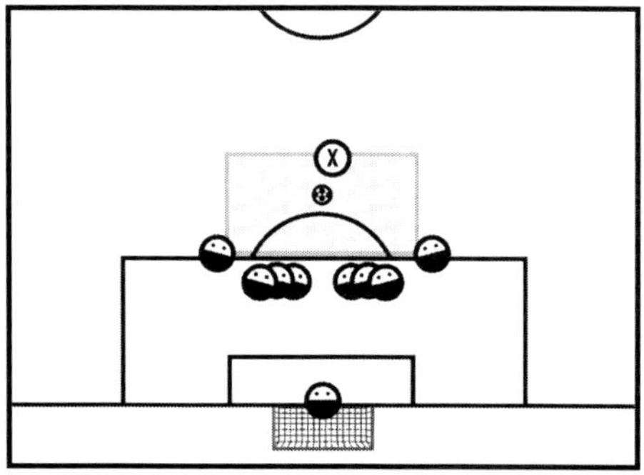

Freistoß vom Halbfeld verteidigen

Freistöße aus dem Halbfeld (markierter Bereich) lassen sich effektiv im Raum verteidigen.

Die Spieler stehen zunächst tief. Ab der Torraumlinie im 4-3-2. Eine Ein-Mann-Mauer bilden. Bei zwei Gegnern am Ball stellt sich B noch in die Mauer.

Sobald der Freistoß vors Tor geflankt wird, geht man aktiv und entschlossen in den Ball und verteidigt ihn nach vorne.

Mit dem nach vorne gespielten Ball in kompakter Form vorrücken. Das Spielgeschehen genau beobachten.

Durch die Raumdeckung ist der komplette torgefährliche Raum abgedeckt. Die Spieler können aus der Vorwärtsbewegung den Ball verteidigen. Kreuzende Angreifer können sich gegenseitig keine Räume öffnen. Die Spieler können sich komplett auf den Ball konzentrieren.

Wird der Freistoß nahe der Mittellinie ausgeführt, schiebt man bis zur Strafraumgrenze vor. Bildet eine Linie und jeder Spieler ist für einen Gegner zuständig. Fliegt der Ball weit in den Strafraum, rechtzeitig nach hinten absetzen.

Eckball verteidigen: D und E am ersten und zweiten Pfosten. A ballnah im Torraum. Kurze Ecke: A und B rücken zum Ball raus.

Freistoß zentral verteidigen

Freistöße aus zentraler Entfernung in Tornähe können für den Gegner sehr gute Tormöglichkeiten ergeben.

Blockt die Mauer eine Torseite und der Torwart steht in der sogenannten Torwartecke, ist ein gut gezirkelter Schuss um die Mauer kaum für den Torwart zu erreichen. Steht der Torwart trotz Torwartecke zentral im Tor, hat der Schütze freie Schussbahn. Eine sehr breite Mauer kann dem Torwart wiederum die Sicht zum Ball versperren.

Die Lösung könnte eine 6-Mann-Mauer sein, die in der Mitte eine Lücke lässt. Der Torwart steht zentral im Tor und hat so freie Sicht zum Ball. Die Mauer blockt beide Torseiten.

Weitere Spieler stehen links und rechts neben der Mauer leicht vorgerückt. Wird der Ball zur Seite gespielt, können diese in der Verteidigung des Balls eingreifen.

Turnierformen

Spielen in kleinen Teams

Ohne Zweifel gehören Turnierformen zu den beliebtesten Trainingsformen im Jugendfußball. Wieso diese dann nicht gezielt zur Verbesserung des Teams einsetzen? Kleine Mannschaftsgrößen versprechen immer viele Aktionen, bessere Spielübersicht, viel gegenseitiges Coaching, viele Entscheidungen treffen, eine große Identifikation mit dem Team und dadurch auch eine hohe Leistungsbereitschaft.

Turnierformen eignen sich, wie schon im Vorwort erwähnt, besonders gut für wenig belastete Spieler im ersten Training nach einem Spiel. Die hochbelasteten Spieler können dann parallel zu den Turnieren Fußballtennis oder Fußballrundlauf zur Regeneration absolvieren. Auch lassen sich die folgenden Turnierformen zur Verbesserung des Erspielens von Torchancen wie auch der Torchancenverwertung einsetzen.

Bei den Turnieren hat man fast ausschließlich Aktionen vor dem eigenen und dem gegnerischen Tor. In der Offensive lassen sich durch Finten, Andribbeln, Hinterlaufen, Spiel über den Dritten, Spielverlagerungen usw. die für die Torerzielung nötige Überzahlsituation herstellen. In der Defensive lernt man das Verteidigen in Unterzahl. Aufgrund der kleinen Teamgrößen sind die erforderlichen Aktionen relativ einfach zu erkennen und fördern so die Spielintelligenz. Die Verbesserung der Spielintelligenz führt zu einer sicheren Entscheidungsfindung. Weiß man in den einzelnen Spielsituationen korrekt zu handeln, so erkennt man aus eigenen Stücken die Vorteile des gegenseitigen Coachings und praktiziert sie.

Die Organisation von Turnierformen ist denkbar einfach und für den Trainer stressfrei: Feld(er) aufbauen, Teams bilden, die einfachen Regeln bekanntgeben und dann kann man sich als Trainer fast ausschließlich aufs Beobachten / Coachen konzentrieren. Die hier beschriebenen Turnierformen lassen sich mit 9 bis 26 Spieler absolvieren. Auch große Trainingsgruppen kann man so intensiv ans Spielen bringen. Hinzu kommt, dass man Turniere auf relativ kleinem Raum organisieren kann.

In diesem Kapitel werden neun Turnierformen beschrieben. Zwei davon laufen nach den Champions-League-Regeln (Auf- und Abstieg der Teams) ab, in einer sind vier Teams gleichzeitig auf zwei Feldern aktiv und die anderen sechs Turnierformen werden in nur einem Feld gespielt. Die Spieleranzahl ist variabel und lässt sich den einzelnen Beschreibungen entnehmen. So kann immer auch die komplette Trainingsgruppe in den Turnierformen aktiv sein.

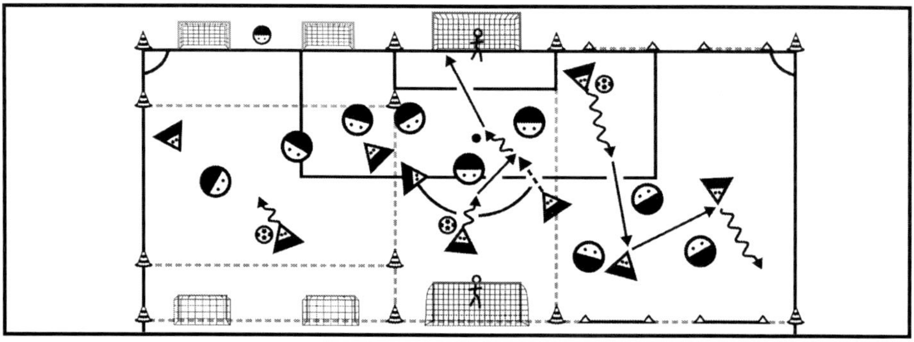

Organisation & Ablauf

Drei Felder über die komplette Spielfeldbreite nebeneinander aufbauen. Zwei Felder von Seitenlinie bis Torraum mit einer Tiefe von 32 Metern und ein mittleres Feld (22 × 32 Meter) mit zwei Großtoren. Bei Jugendtoren das Spielfeld etwas verkürzen. Die äußeren Felder können mit Minitoren und Dribbeltoren bestückt werden. Bei Minitoren sollten je zwei auf einer Grundlinie stehen und eine 6 Meter tiefe Schusszone davor markiert werden. Bei Dribbeltoren sollte man sich ebenfalls für zwei Tore auf einer Grundlinie entscheiden. Die Breite der Dribbeltore dem Leistungsstand seiner Mannschaft anpassen. Richtwert: 6 Meter. Angriffe auf zwei, anstatt auf ein Tor fördert die Entscheidungsfähigkeit, peripheres Sehen, Spielverlagerung und die Spielintelligenz.

Zwei Torhüter fest den beiden Großtoren zuweisen. 3er- und 4er-Teams bilden. Je zwei Teams einem Feld zuweisen und es wird in allen Feldern 3 gegen 3 gespielt. Bei den 4er-Teams pausiert immer ein Spieler und wechselt mit jedem Tor im Spiel ins Feld für einen aktiven Mitspieler.

Jedem Feld eine Bezeichnung geben. Von links nach rechts gesehen z. B. Champions-League, Bundesliga und Kreisliga.

Die Spielzeit beträgt jeweils 5 Minuten. Alle drei Spiele werden gleichzeitig gestartet. Das Siegerteam steigt ein Feld auf und das Verlierer-Team ein Feld ab. Bei einem Unentschieden gewinnt das Team, welches zuletzt einen Treffer erzielt hat. Im Feld mit den Minitoren zählen nur Treffer aus der Schusszone.

Spieleranzahl: 12–26 Spieler. Bei vier Teams nur zwei Felder aufbauen.

Wettbewerb: Welches Team gewinnt im letzten Durchgang das Spiel im Feld „Champions-League"?

Variation: Je nach Material und Spieleranzahl die Felder aufbauen.

Tipp: Ersatzbälle bereithalten. Bei einem Aufbau entsprechend der Zeichnung das Feld mit den Minitoren der Champions-League zuweisen. Die meisten Spieler empfinden ein Spiel auf Minitore attraktiver als ein Spiel auf Dribbeltore. So schafft man zusätzlichen Anreiz, die Spiele zu gewinnen.

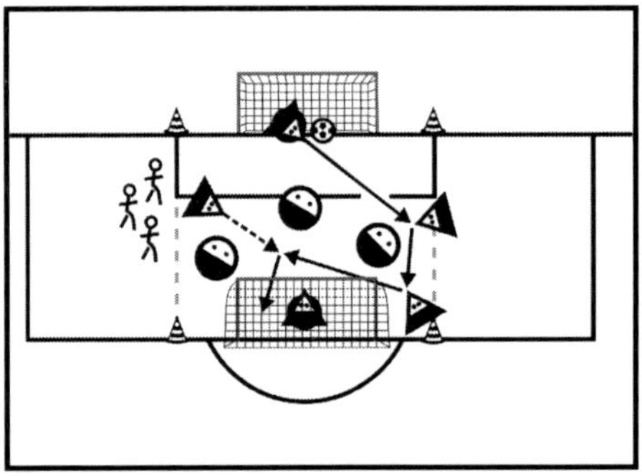

Organisation & Ablauf

Ein Spielfeld 22 × 16 Meter (Torraumbreite) zwischen zwei Toren aufbauen.

Drei bis vier Mannschaften zu je drei oder vier Spielern bilden. Die Tore fest mit Torhütern besetzen.

Zwei Teams (ohne Ersatzspieler) spielen in hohem Tempo gegeneinander. Tore dürfen von überall und auch von den Torhütern erzielt werden.

Die Mannschaft, die ein Gegentor erhält, verlässt innerhalb von zwei Sekunden das Feld. Das wartende Team kommt sofort mit Ballbesitz ins Feld. Bei vier Teams wird das am längsten wartende Team aktiv. Fällt innerhalb von 40 Sekunden kein Tor, verlässt das Team, welches zuletzt getroffen hat, das Feld.

Spieleranzahl: 11–18 Spieler inkl. zwei Torhütern.

Wettbewerb: Gelingt einem Team drei Tore in Folge, so müssen alle anderen Spieler Liegestütze absolvieren.

Variation: Anstatt auf Großtore, kann auch auf Jugendtore gespielt werden.

Tipp: Die 4er-Teams agieren in Überzahl. Hier dann eher leistungsschwächere Spieler zusammenführen, zwecks Chancengleichheit. Viele Ersatzbälle in beide Tore legen. Die das Feld verlassende Mannschaft holt sofort fehlende Bälle.

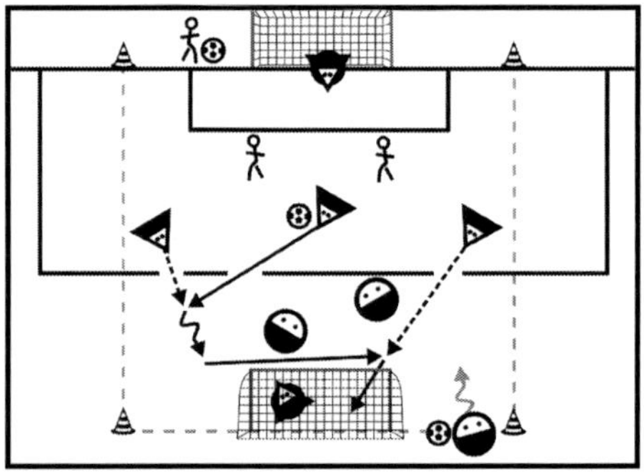

Organisation & Ablauf

Ein Feld (32 × 30 Meter) mit zwei Toren und Mittellinie markieren.

Drei 3er-Teams bilden. Zwei Teams besetzen jeweils mit zwei Spielern ohne Ball eine Spielfeldhälfte. Der jeweils dritte Spieler dieser beiden Teams steht mit Ball neben dem „eigenen" Tor. Das dritte Team steht komplett mit Ball in der „eigenen" Spielfeldhälfte.

Es wird immer 3 gegen 2 gespielt. Das dritte Team greift gegen zwei Verteidiger auf das gegenüberstehende Tor an. Sobald der Angriff abgeschlossen ist (Tor, Ballaus), scheidet das Angreiferteam aus dem Feld. Es kommt der wartende Mitspieler der Verteidiger mit Ball ins Feld und diese drei greifen gegen die zwei Verteidiger auf der anderen Seite an. Die Mannschaft, die ausscheidet, postiert sich direkt mit zwei Verteidigern vor das Tor, auf das sie angegriffen haben, und mit einem Spieler mit Ball neben das Tor. Erobern die Verteidiger den Ball, so läuft der wartende Mitspieler direkt ins Feld und es wird ein Konter gespielt.

Spieleranzahl: 9 oder 12 Spieler. Bei 12 Spielern ein viertes Team bilden.

Wettbewerb: Welches Team hat am Ende die meisten Tore erzielt?

Tipp: Jedes Angreiferteam hat immer ein Team im Rücken stehen.

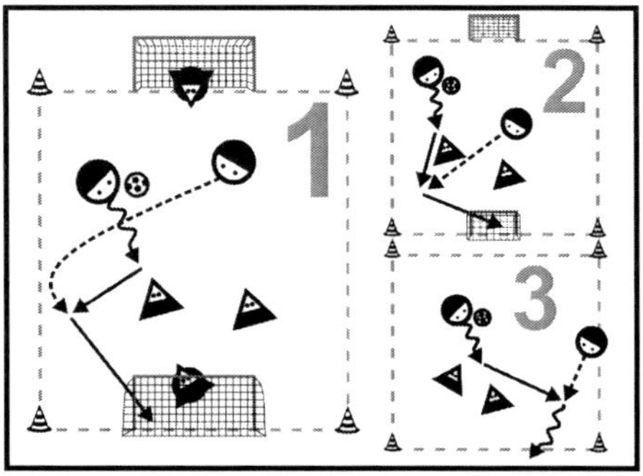

Organisation & Ablauf

Drei Felder aufbauen. Feld 1 (12 × 20 Meter) mit zwei besetzten Toren. Feld 2 (12 × 12 Meter) mit zwei Minitoren und Feld 3 (12 × 12 Meter) ohne Tore.

Sechs Teams zu 2–3 Spielern bilden.

In jedem Feld wird 2 gegen 2 gespielt. Bei einem 3er-Team ist ein Spieler Ersatz. Er wechselt nach einem Tor (egal für welche Mannschaft) ins Feld. In Feld 1 und 2 wird auf die Tore gespielt und in Feld 3 gilt es, über die Grundlinie des Gegners zu dribbeln. Spielzeit 4 Minuten.

Das Sieger-Team steigt ein Feld auf und das Verlierer-Team steigt ein Feld ab.

Spieleranzahl: 14–20 Spieler. Mindestens 12 Feldspieler plus zwei Torhüter.

Wettbewerb: Feld 3 entspricht der Kreisklasse. Feld 2 der Bundesliga und Feld 1 der Champions-League. Welches Team gewinnt im letzten Durchgang das Spiel auf Feld 1?

Variation: Einen zweiten Durchgang mit neuen Teams absolvieren.

Tipp: Ersatzbälle bereithalten. Aufgrund der kleinen Teamgrößen ergeben sich viele Situationen zum Andribbeln bzw. selbst im 1-gegen-1 durchzubrechen.

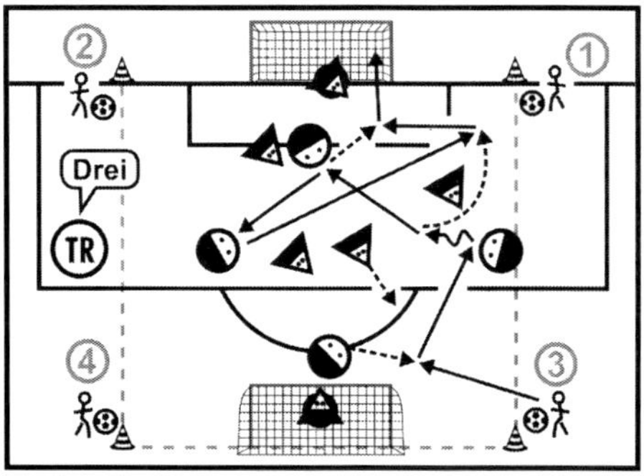

Organisation & Ablauf

Ein Spielfeld (35 × 30 Meter) mit zwei besetzten Großtoren markieren.

Drei 4er-Teams bilden.

Im Feld spielen zwei Mannschaften gegeneinander. Die Spieler des dritten Teams besetzen jeweils die Spielfeldecken mit einem Ball. Den vier Spielern in den Ecken wird eine Nummer von 1 bis 4 zugewiesen. Bei einem Treffer oder Ballaus ruft der Trainer eine Nummer und der entsprechende Spieler spielt seinen Ball neutral ins Feld und es wird sofort weitergespielt.

Jeweils vier Minuten Spielzeit. Jeder spielt gegen jeden.

Spieleranzahl: 11–20 Spieler. Mindestens 9 Feldspieler (3er-Teams) plus zwei Torhüter. Nach Bedarf die Teams vergrößern oder mit Neutralen im Feld spielen. Bei größeren Teams das Feld vergrößern.

Wettbewerb: Wer wird Turniersieger?

Variation: Eine Rückrunde spielen. Von Außen nur flache Pässe ins Feld spielen.

Tipp: Nachdem ein pausierender Spieler einen Ball reingespielt hat, holt er sich einen neuen Ball.

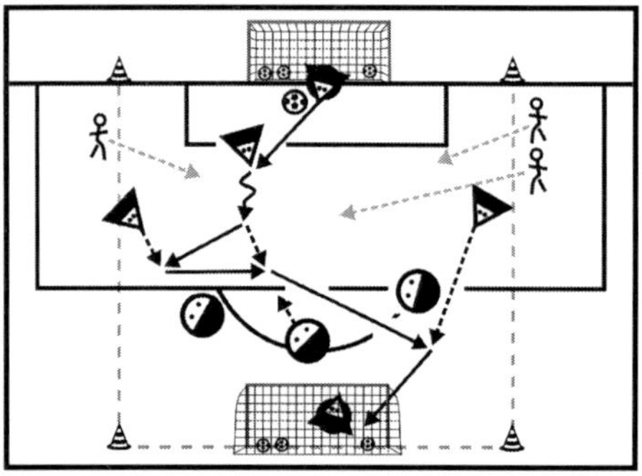

Organisation & Ablauf

Ein Feld (32 × 30 Meter) aufbauen.

Zwei Tore mit Torhütern besetzen. Drei 3er-Teams bilden.

Im Feld spielt Team A gegen Team B. Team C pausiert neben dem Feld. Das Team, welches ein Tor erzielt, bleibt im Ballbesitz, wechselt die Spielrichtung, erhält vom Torwart einen Ball und greift sofort auf das andere Tor an. Das pausierende Team wechselt direkt in das Feld für das Team, welches das Gegentor bekam und verteidigt zunächst.

Trifft nach 30 Sekunden kein Team das Tor, verlässt das länger spielende Team das Feld. Das hineinkommende Team verteidigt zunächst.

Spieleranzahl: 11–19 Spieler mit Torhütern. Ein viertes Team bilden und es pausieren dann immer zwei Teams. Ein neutraler Spieler im Feld. 4er-Teams bilden.

Wettbewerb: Welches Team erzielt zuerst zehn Tore?

Variation: Kontaktzahl begrenzen.

Tipp: Ersatzbälle in die Tore legen. Zielstrebig den Torabschluss suchen.

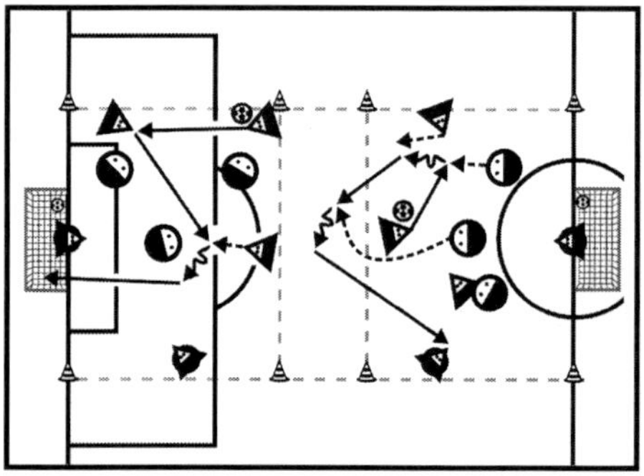

Organisation & Ablauf

Ein Tor auf die Mittellinie stellen. Vor jedem Tor ein Feld (30 × 25 Meter) aufbauen. Zwischen den beiden Feldern befindet sich eine Konterzone.

Die Tore mit Torhütern besetzen. Vier 3er-Teams bilden und zwei neutrale Spieler bestimmen.

In den Feldern wird jeweils 3 gegen 3 mit einem Neutralen gespielt. Das zuerst ballbesitzende Team hat Angriffsrecht und darf ein Tor erzielen. Erobern die „Verteidiger“ den Ball, müssen sie in die Konterzone dribbeln oder einen Mitspieler dort anspielen, um Angriffsrecht zu erhalten. Nur ein Team im Angriffsrecht darf ein Tor erzielen. Bei einem Treffer oder Torab passt der Torwart zu einem „Verteidiger“ und sein Team versucht in die Konterzone zu kommen.

Nach jeweils 5 Minuten neue Spielpaarungen bilden. Jeder spielt gegen jeden.

Spieleranzahl: 14–20 Spieler mit TW. Ohne Neutrale spielen. 4er-Teams bilden.

Wettbewerb: Wer wird Turniersieger?

Variation: Kontaktzahl begrenzen. Die Angreifer dürfen in der Konterzone nicht attackiert werden.

Tipp: Nach Wechsel des Angriffsrechts sofort umschalten. Den Torwart ins Aufbauspiel einbeziehen.

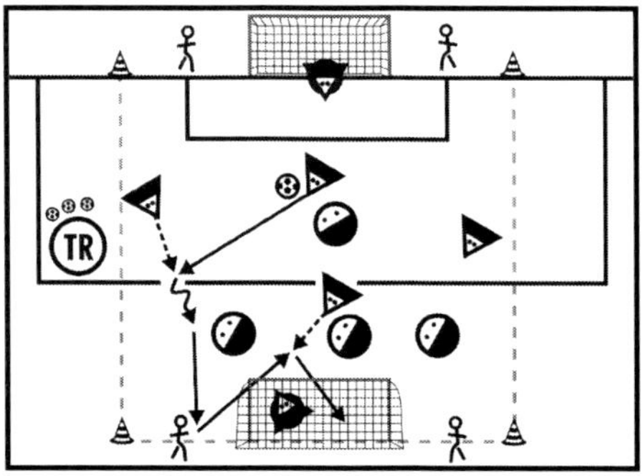

Organisation & Ablauf

Ein Feld (32 × 30 Meter) aufbauen.

Zwei Tore mit Torhütern besetzen. Drei 4er-Teams bilden. Der Trainer steht mit Bällen am Spielfeldrand.

Im Feld spielt Team A gegen Team B. Die Spieler von Team C stehen außerhalb des Felds links und rechts neben den Toren. Dort agieren sie jeweils mit dem ballführenden Team. Sie dürfen nur direkt spielen. Erzielt ein Team einen Treffer direkt nach einem Pass eines Spielers C, zählt dieser doppelt. Bei Ballaus passt der Trainer sofort einen neuen Ball ins Feld.

Fünf Minuten Spielzeit. Jeder spielt gegen jeden.

Spieleranzahl: 11–17 Spieler mit Torhütern. 3er- oder 5er-Teams bilden. Ein Neutraler und ein fünfter Spieler C ins Feld.

Wettbewerb: Wer wird Turniersieger?

Variation: Eine Rückrunde spielen.

Tipp: Aufgrund der Überzahl Torchancen durch Pässe erspielen. Keine Einzelaktionen. Spiel verlagern, in die Tiefe spielen und erst mit dem Pass eines Spielers C vor das Tor starten.

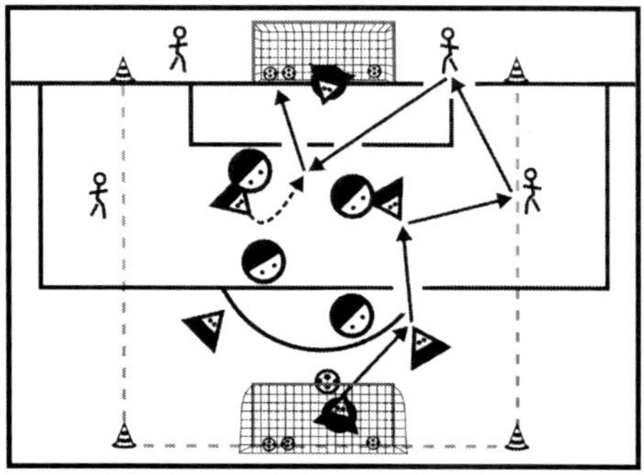

Organisation & Ablauf

Ein Feld (32 × 30 Meter) aufbauen Die Strafraumgrenze ist die Mittellinie.

Zwei Tore mit Torhütern besetzen. Drei 4er-Teams (2-2-Grundformation) bilden.

Im Feld spielt Team A gegen Team B. Die Spieler von Team C postieren sich links und rechts neben dem Tor von Team B, wie auch hinter den Seitenlinien der Spielfeldhälfte von B. Das Spiel startet mit einem Angriff von Team A. Team A darf mit Team C kombinieren. Die Mannschaft, die ein Tor erzielt, bleibt in Ballbesitz. Die Torhüter eröffnen das Spiel jeweils mit einem neuen Ball.

Nach zwei Minuten ist Halbzeit. Jetzt spielt Team B mit Team C zusammen. Dazu postiert sich Team C um die Spielfeldhälfte von Team A. Team B beginnt mit einem Angriff. Nach weiteren zwei Minuten ist Spielende. Team C wechselt ins Feld. Jeder gegen jeden.

Spieleranzahl: 11–17 Spieler mit Torhütern. 3er- oder 5er-Teams bilden. Ein Spieler C agiert in der Hälfte. Bei 3er-Teams ohne seitliche Spieler C agieren.

Wettbewerb: Wer wird Turniersieger?

Variation: Die Spieler C neben dem Tor müssen direkt spielen.

Tipp: Ersatzbälle in die Tore legen. Bei Ballaus immer Torab.

Stabilisationsübungen

Kräftigung für den Fußballer

Für einen ambitionierten Fußballtrainer gibt es nie genug Trainingszeit. Trotzdem darf einem nicht der Fehler unterlaufen, möglichst viel in eine Trainingseinheit zu packen. Das, was gemacht wird, muss verstanden und umgesetzt werden können. Weniger ist da mehr.

Um jedoch sein volles Potenzial zu entwickeln, muss der Spieler körperlich fit sein. Er muss eine gute Kondition haben, einen schnellen Antritt und eine stabile Körperhaltung. Letzteres beugt Verletzungen vor und wird durch Stabilitätsübungen erreicht. Weitere Effekte der Stabilitätsübungen sind eine verbesserte Beweglichkeit und Koordination. Dies macht sich besonders positiv in Zweikämpfen und im Techniktraining bemerkbar.

Jugendspieler sollten mindestens 3× pro Woche für je 15 Minuten Stabilitätsübungen ausführen. Um Trainingszeit zu sparen, kann dieser Bereich in Hausübungen ausgegliedert werden. Es ist aber wichtig, den Spielern die korrekte Ausführung zu zeigen. In der Vorbereitung oder in spielfreier Zeit sollten sie Bestandteil des Trainings sein. Vor den Übungen immer aufwärmen und jede Übung 4× wiederholen.

Stärkung: Rumpf, Beine, Schultern

In Unterarmstütze gehen (Arme schulterbreit). Den Körper strecken und das Körpergewicht vorne auf die Unterarme und hinten auf die Fußspitzen verteilen. Die Oberarme zeigen senkrecht zum Boden.

Die Beine nun im Wechsel leicht anheben und dabei die Ferse nach hinten drücken. Dauer: 20 Sekunden.

Variation: Die Fußspitze des jeweils angehobenen Beins nach innen und außen drehen.

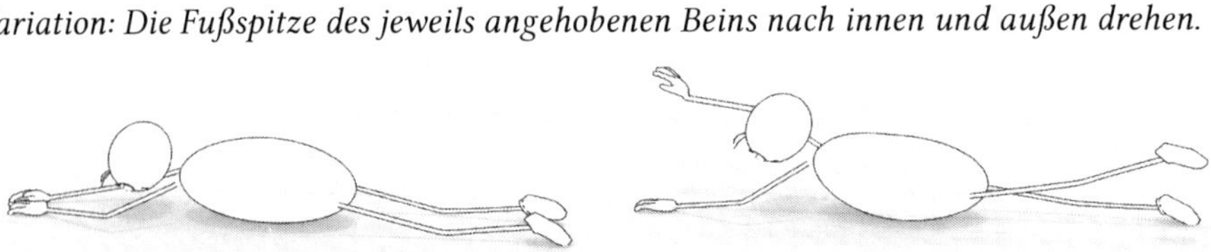

Stärkung: Rücken, Schultern, Gesäß

Ausgestreckt mit dem Bauch auf den Boden legen. Die Arme und Beine zeigen nach vorne bzw. hinten. Der Blick geht zum Boden.

Arme, Beine und Oberkörper leicht vom Boden heben. Jetzt schnelles und wechselseitiges Anheben eines Beins und des Gegenarms. Dauer: 20 Sekunden.

Variation: Die Beine über dem Boden grätschen. Immer eine Hand im Wechsel schnell nach vorne und hinten strecken. Die Arme dabei eng am Körper führen.

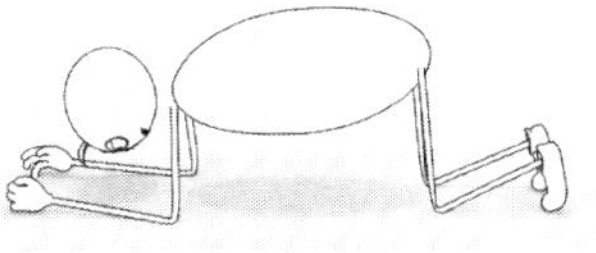
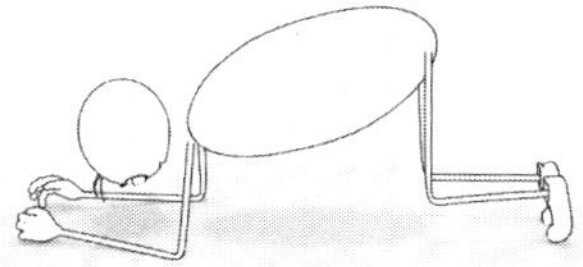

Stärkung: Gesäß, Rücken, Oberschenkelrückseite

Im Kniestand in Unterarmstütze gehen. Die Fußspitzen auf den Boden setzen und die Oberschenkel zeigen senkrecht zum Boden. Blick zum Boden.

Beide Knie so weit anheben, dass das Schienbein parallel zum Boden zeigt. Den Rücken dabei gerade halten. Dauer: 20 Sekunden die Position halten.

Variation: Zusätzlich immer ein Bein im Wechsel vom Boden lösen und so anheben, dass die Fußsohle nach oben zeigt. Knie bleiben dabei gebeugt. Rücken bleibt gerade.

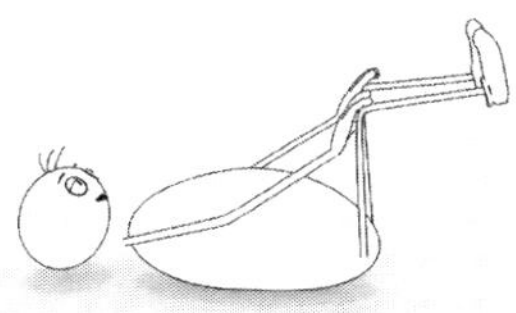

Stärkung: Bauch, Hüfte, Schultern

Auf den Rücken legen und die Beine so in der Luft anwinkeln, dass die Oberschenkel senkrecht zum Boden zeigen.

Die Hände fest gegen die Knie drücken und den Oberkörper dabei leicht aufrollen. Danach den Druck wieder lösen und den Oberkörper abrollen. Den Kopf nicht ablegen. Dauer: 20 Sekunden.

Variation: Oberkörper langsam aufrollen und die ausgestreckten Arme seitlich an den Oberschenkeln vorbeiführen.

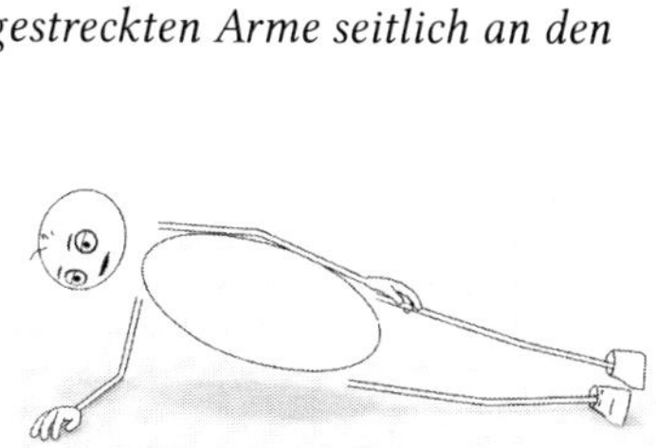

Stärkung: Rumpf, Beine, Schultern

Unterarmstütze in Seitlage. Die Beine sind gestreckt und liegen übereinander. Der Blick geht geradeaus und den oberen Arm auf die Oberschenkelseite legen.

Die Hüfte so lange anheben, bis der Körper gestreckt ist. Das Becken leicht nach vorne kippen und die Zehenspitzen anziehen. 15 Sekunden je Seite die Position halten.

Variation: Zusätzlich das obere Bein langsam hoch und runter bewegen.

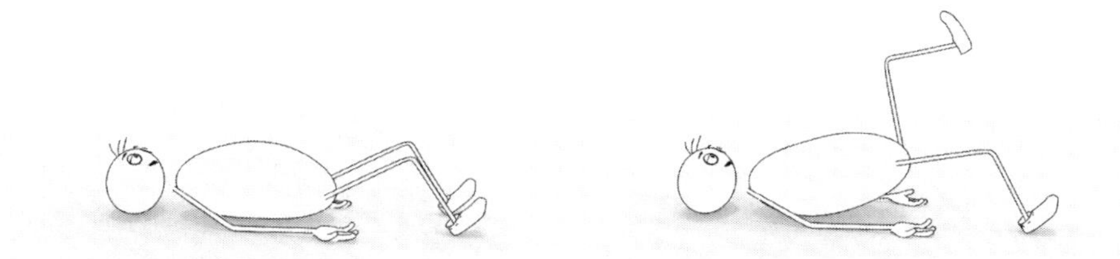

Stärkung: Gesäß, Oberschenkelrückseite, Rücken

In Rückenlage gehen, die Beine 90 Grad anwinkeln und die Füße setzen mit den Fersen auf. Die Arme liegen neben dem Körper und die Handflächen zeigen nach oben.

Ein Bein mit angezogener Fußspitze nach oben ziehen. Das Becken löst sich vom Boden und bildet eine gerade Linie zum Oberkörper und Oberschenkel des Standbeins. Die Beine bleiben angewinkelt. Dauer: 15 Sekunden je Seite die Position halten.

Variation: Zusätzlich das hochgezogene Bein senkrecht in die Luft strecken. Danach das Bein weitläufig absenken.

Positionsaufgaben

Spielpositionen im Detail

Dieses Kapitel beschreibt die Aufgaben der einzelnen Spielposition im Rahmen des modernen Fußballs und des One-Touch-Kombinationsfußballs. In der untenstehenden Grafik steht die Mannschaft in einer 4-4-2-Raute-Grundformation. Die folgenden Beschreibungen können hilfreich sein, um Spielern eine Spielposition zu erklären bzw. sein eigenes Trainerwissen zu erweitern und aufzufrischen.

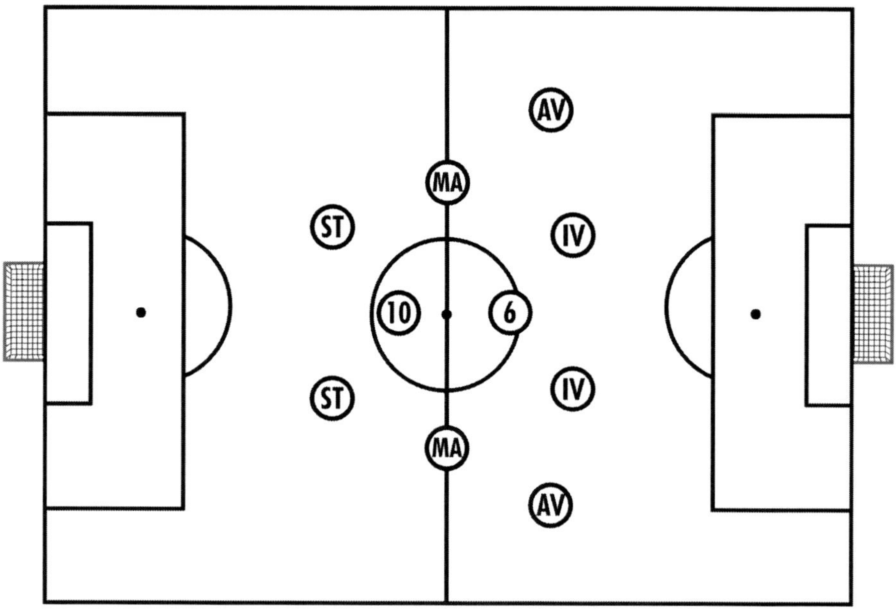

Innenverteidiger (IV)

Das Spielverhalten der IV ist ausschlaggebend für den Spielstil und den Erfolg einer Fußballmannschaft. Als hinterste Feldspieler müssen sie nicht nur Torchancen vereiteln, sondern den kompletten Spielaufbau gestalten. Selbst beim Pressing spielen sie eine zentrale Rolle. Durch den Anschluss ans Mittelfeld sorgen sie für Kompaktheit und durch ihr Coaching organisieren sie ein geschlossenes Mannschaftsverhalten gegen den Ball.

Befindet sich der ballführende Gegner direkt vor der Abwehrkette in Tornähe, agieren die Verteidiger gemeinsam als Abwehrsichel oder als Abwehrdreieck. Der jeweils ballnächste Verteidiger rückt aus der Viererkette zum Gegner heraus und stellt ihn. Die anderen Verteidiger sichern ihn in der Tiefe ab. Tornah bedeutet bei zentraler Ballposition etwa 22 Meter vor dem Tor, da ab hier ein Distanzschuss torgefährlich werden könnte, und bei äußerer Ballposition, sobald gefährlich vor das Tor geflankt werden könnte. AV versucht dann zu blocken und die IV die Hereingabe zu verteidigen.

Um einen kompakten Mannschaftsverband zu gewährleisten, halten die IV bei gegnerischem Ballbesitz einen geringen Abstand zu ihrem Mittelfeld. In einer kompakten Formation hat man aufgrund kurzer Wege die Möglichkeit, angespielte Gegner direkt zu doppeln. Es gibt aber auch Spielsituationen, in denen die IV den Abstand zum Mittelfeld vergrößern müssen. Schaffen die Offensivspieler es nicht, einen möglichen Flugball des Gegners zu verhindern, so lassen sich die IV frühzeitig fallen, damit sie nicht überspielt werden. Der zum Kopfball gehende IV wird dann im Dreieck von den benachbarten Spielpositionen abgesichert. Spielt der Gegner doch keinen Flugball, wird der Abstand zum Mittelfeld wieder verkürzt.

Erfolgt ein Flugball über den AV, so müssen sich die beiden IV zusammen mit dem ballfernen AV schräg nach hinten fallen lassen. Die IV haben immer eine besondere Verantwortung gegenüber den AV. Beim Vorrücken des AV ist es die Aufgabe des ballnahen IV, den Raum im Rücken des AV zu kontrollieren. Sie fordern die AV auf sich in die Offensive einzuschalten bzw. die Defensive zu unterstützen, wenn der Gegner kontert. Bei eigenem Pressing sollen sie die Abwehrkette verlassen, um Anspielstationen des Gegners im Mittelfeld zuzustellen.

Bei Ballbesitz des eigenen Torwarts organisieren die IV den Spielaufbau. Dazu bieten sie sich zunächst etwas höher als die Strafraumecken für ein Zuspiel an. Stellt der Gegner die IV zu, so bieten sie sich neben dem Strafraum für ein Zuspiel an. Dabei befinden sich die IV in einer offenen Stellung. Halboffen zum Torwart und halboffen in Spielrichtung.

Nachdem die IV den Ball erhalten haben, verkürzen sie den Abstand zum gegnerischen Mannschaftsverband. Sie vermeiden jedoch die Schlagdistanz des Gegners. Der balllose IV bietet sich stets für eine Spielverlagerung an. Spielverlagerungen mit wenig Ballkontakten absolvieren und nach Möglichkeit flach, druckvoll und in die Vorwärtsbewegung des Passempfängers spielen. Beim Spielaufbau geduldig sein. Die umfangreichsten und besten Spielfortsetzungsmöglichkeiten ergeben sich nach einem Spielaufbau durch das Zentrum.

Daher blicken die IV zunächst immer in die Tiefe und orientieren sich im Idealfall vor, um den Ball schnell weiterzuleiten. Die Pässe in die Tiefe möglichst flach (schnelle Verarbeitung für den Passempfänger) und mit maximalem Druck in die offene Stellung (hinterer Fuß) des zentralen Spielers passen. Den Passempfänger laut und frühzeitig mit „Klatsch“ oder „Dreh“ coachen. Ist trotz zahlreicher Spielverlagerungen kein Aufbau durchs Zentrum möglich, passt IV zu AV. Nach diesem Pass schiebt IV sofort nach und bietet sich diagonal hinter AV für einen Rückpass an.

Bei Pässen des Gegners verschieben die IV zusammen mit ihren Mitspielern immer so, dass sich stets ein kompakter Mannschaftsverband zwischen Ball und eigenem Tor befindet. Die beiden IV stehen nicht nur bei zentraler Ballposition auf einer Höhe, sondern auch bei einer äußeren Ballposition. Stünde der ballferne IV bei einer äußeren Ballposition tiefer als der ballnahe IV, so würde der Mannschaftsverband an

Kompaktheit verlieren. Außerdem könnte ein ST, der vom ballfernen IV gedeckt ist, seine tiefere Position dazu nutzen, um einen Pass im Rücken der Abwehr als Erstes zu erlaufen. Dieses Fehlverhalten wird als „doppelte Tiefenstaffelung“ bezeichnet, da sich der ballnahe IV bereits in einer Tiefenstaffelung zum ballnahen AV befindet.

Eine häufige Spielsituation ist die, dass der Gegner direkt auf die vorgerückten IV zudribbeln kann. In diesem Fall weichen die IV zusammen mit den AV bis auf 22 Meter vor dem Tor zurück. Beim Zurückweichen rücken alle Verteidiger nach innen hin ein (Schnittstellen verengen). Durch das Zurückweichen verhindert man einen Pass in den Rücken der Abwehr und verlangsamt den gegnerischen Angriff. Die Mittelfeldspieler können nachsetzen. Ab 22 Meter vor dem Tor tritt der ballnächste Abwehrspieler aus der Abwehrkette heraus und verhindert einen Torschuss. Eine Balleroberung des nachsetzenden Mittelfeldspielers ist wahrscheinlich, da der Dribbler auf die Verteidiger in seinem Blickfeld fokussiert ist.

Tritt die Spielsituation ein, dass der Gegner einem Mitspieler in den Rücken passt, geben die IV sofort ein Signal zur Balleroberung. Dazu schieben alle Spieler massiv zum Ball. Bis der Gegner den Ball erlaufen und kontrolliert hat, sollte man den kompletten ballnahen Raum verengt haben. Im Idealfall kann man den Gegner mit dem Rücken zum Spiel stellen und eine aktive Balleroberung einleiten.

Kann sich der Gegner aus einer Umklammerung (Pressing) lösen und das Spiel verlagern, lassen sich die IV zusammen mit ihren Mitspielern diagonal nach hinten fallen. Nur so können Passmöglichkeiten in die Tiefe zugestellt werden. Durch die Überlassung des ballnahen Raums provoziert man weniger gefährliche Dribblings.

Die IV sollten vor dem Spiel wissen, ob der Gegner mit ein oder zwei ST agiert. Bei einem gegnerischen ST hilft der IV dem AV beim Doppeln. Bei zwei ST bleiben beide IV im Zentrum und decken die ST. In diesem Fall wird der AV vom 6er (Zuspiel von außen) oder MA (Zuspiel aus dem Zentrum) beim Doppeln unterstützt. Wichtig ist, dass der ballnahe IV nie im Zwischenraum zwischen AV und ballfernem IV steht und somit weder das eine noch das andere tut. Begünstigt wird das Doppeln des IV mit dem AV, wenn das gegnerische Zuspiel von außen kommt und der Mannschaftsverband deshalb schon zur Seite verschoben hat.

Für ein erfolgreiches Doppeln des IV mit dem AV postiert sich der ballnahe IV diagonal hinterm AV. Der AV bestimmt durch seine seitliche Stellung die Durchbruchsrichtung des Gegners. AV bietet den Durchbruch nach Innen zum IV an. Sobald der Gegner den Ball am AV vorbeilegt, tritt IV heraus und erobert den Ball.

Ist der Ball auf der Außenbahn und der Gegner agiert mit zwei ST, so müssen die ST von den IV gedeckt werden. Der ballnahe IV deckt den ST nicht zu eng (2–3 Meter entfernt) und befindet sich diagonal vor ihm. So hat IV die Chance, ein Zuspiel zum ST abzufangen und auch einen Pass entlang der Linie vor ihm zu erlaufen. Startet der ballnahe ST dem Ballführenden entgegen, wird er vom IV verfolgt. Überschreitet ST jedoch die gedachte Linie zwischen Ball und Tor, so wechselt der IV im Rücken des ST (von der ballnahen zur tornahen Seite). So kann sich ST nach einem Zuspiel nicht direkt in Torrichtung aufdrehen.

Befindet der Gegner sich noch im Spielaufbau oder im Übergangsspiel, werden die gegnerischen ST in der Regel maximal hoch agieren. Sie versuchen ein Zuspiel im Rücken der Abwehr zu erlaufen. Um keine Schnittstelle dafür entstehen zu lassen, müssen die IV klug stehen. Sie postieren sich generell leicht versetzt hinter den ST auf der ballnahen Seite. So haben sie freie Sicht zum Ball, verengen die Schnittstellen und können eventuell ein Zuspiel zum Gegenspieler abfangen.

Löst sich ein ST vom IV, um aus dem Zentrum ein Zuspiel zu erhalten, sollte IV zunächst nicht mitgehen. In diesem Fall entstünde nämlich ein freier Raum in seinem Rücken. In diesen Raum könnte nun der zweite ST angespielt werden. Besser kann man diese Spielsituation lösen, indem IV erst zum Gegenspieler herausrückt, wenn der Pass tatsächlich zum ST erfolgt. Der IV versucht ST dann mit dem Rücken zum Spiel zu stellen (mit etwa einer Armlänge Abstand). Ein 6er geht dann auf den Ball und erzwingt ein Aufdrehen. Im Moment des Aufdrehens erobert IV den Ball.

Wird der angespielte ST mit dem Rücken zum Spiel gestellt, so schaffen die benachbarten Spielpositionen (IV und AV) nur eine geringe Tiefenstaffelung. Dribbelt der ST dann zur Seite weg, wird er vom IV begleitet und der benachbarte Abwehrspieler schneidet seinen Laufweg. Kann sich ST dagegen mit dem Zuspiel Richtung Tor aufdrehen, rückt der ballnahe IV vor, aber die benachbarten Spielpositionen schaffen eine größere Tiefenstaffelung. Der IV lenkt dann ST mit einer seitlichen Stellung entweder auf dessen schwachen Seite (meistens nicht der Dribbelfuß) oder auf seine eigene starke Abwehrseite. Beim Durchbruchsversuch dann aktiv zum Ball gehen.

Erobert der Gegner den Ball, kann dieser einen schnellen Konter einleiten. Je nachdem, wie viele Mitspieler sich noch vor dem Ball befinden, verteidigen die IV mit oder ohne AV und 6er. Befinden sich beim Konter beide AV und die 6er noch in der Offensive, müssen die beiden IV alleine verteidigen. Dribbelt **ein Angreifer** auf die IV zu, bilden die IV beim Zurückweichen (bis auf 22 Meter) eine Tiefenstaffelung. Dies bedeutet, dass der vordere IV den aktiven Part übernimmt und der hintere IV abwartend agiert. Der vordere IV versucht den Dribbler durch eine seitliche Stellung auf den hinteren IV zu lenken. Sobald der Angreifer den Ball am vorderen IV vorbeilegt, tritt der hintere IV heraus und erobert den Ball. Dazu darf der hintere IV nicht zu weit weg stehen.

Dribbelt der Gegner mit **zwei Angreifern** auf die IV zu, so bilden die IV während des Zurückweichens auch hier eine Tiefenstaffelung. Der ballnahe IV weicht so in seitlicher Stellung zurück, dass der Ballführende nur nach außen durchbrechen kann. Der ballferne IV sichert innen ab. Er steht so tief, dass kein Pass in die Tiefe zum zweiten Angreifer möglich ist, aber auch so hoch, dass er den zweiten Angreifer nach einem Querpass stellen bzw. einen Querpass abfangen kann. Erfolgt der Querpass, rückt der tiefere Spieler zum Passempfänger und der nun ballferne IV lässt sich diagonal hinter dem nun ballnahen IV fallen. Setzt der ballführende Angreifer zum Durchbruch nach außen an, begleitet IV ihn und schiebt seinen Körper zwischen Gegner und Ball.

Müssen die beiden IV sogar einen Konter gegen **drei Angreifer** verteidigen, so bleiben sie während des Zurückweichens, bei zentraler Ballposition, auf einer Höhe. Sie befinden sich dann links und rechts vom Ballführenden. Bei äußerer Ballposition orientiert sich der ballnahe IV zum ballführenden Angreifer. Dabei läuft er so in seitlicher Stellung, dass er einen Durchbruch nach außen provoziert. Der ballferne IV sichert den ballnahen IV in einer leichten Tiefenstaffelung ab. Im Vergleich zu zwei Angreifern sollte der ballferne IV etwas weiter weg stehen, um auch den dritten Angreifer nach einem Querpass stellen zu können. Ist der Abstand der IV zueinander dagegen zu groß, kann der mittlere Angreifer nach einem Zuspiel zwischen den beiden IV Richtung Tor durchbrechen. Versucht ein äußerer Angreifer außen durchzubrechen, haben die IV aus einer Unterzahl-, eine Gleichzahlsituation hergestellt.

Außenverteidiger (AV)

Die AV spielen in der Defensive und Offensive gleichermaßen eine bedeutende Rolle. In der Defensive sollen sie zusammen mit den IV eine kompakte, aber trotzdem noch breite Verteidigungslinie bilden. Die AV versuchen Passlücken Richtung Tor zu schließen und somit Pässe in weniger torgefährliche Außenbereiche zu provozieren. In der Offensive schalten sie sich komplett ein, schaffen Anspielstationen am Flügel und besitzen einen ausgeprägten Drang Richtung Tor.

Dribbelt der Gegner am Flügel Richtung Tor, so versucht AV torgefährliche Aktionen zu verhindern. Im Idealfall erobert er den Ball. Dazu läuft er dem Gegner zunächst entgegen, um ihn möglichst weit vom eigenen Tor entfernt zu stellen. Wenige Meter vor ihm stoppt er ab, geht in seitliche Stellung und weicht im Tempo des Dribblers zurück. Die seitliche Stellung wählt er so, dass er offen zur Seitenlinie steht und sich weit innen postiert. So steuert er den Gegner nach außen. Sobald der Dribbler sich den Ball vorlegt, um durchzubrechen, läuft AV ihn ab (Körper zwischen Ball und Gegner schieben).

Größere Erfolgschancen, den Ball kontrolliert zu erobern, hat man aber, wenn der ballnächste Mitspieler dazukommt und hilft (doppelt). Ideale Partner für den AV zum Doppeln sind IV, 6er und MA. Spielt der Gegner mit nur einem ST, orientiert sich der ballnahe IV frühzeitig zum AV und doppelt dann mit ihm. Bei Pässen aus dem Zentrum doppelt MA mit AV, da der 6er aufgrund der zentralen Ballposition zunächst noch im Zentrum gebunden ist. Der 6er doppelt mit AV, wenn der Pass des Gegners von außen erfolgt. In diesem Fall hat er bereits nach außen verschoben.

Die Balleroberung wird am einfachsten, wenn der Gegner nicht Richtung Tor aufdrehen kann. Dies ist der Fall, wenn dieser mit dem Rücken zum Spiel gestellt wird. Sobald der gegnerische MA einen Pass erhält, rückt AV mit einer Armlänge Abstand heran. Er postiert sich dabei leicht innen. Sollte AV zu früh heranrücken, kann er mit einem Flugball überspielt werden bzw. erhält der Gegner nicht den Ball.

Dreht der Gegner sich nun auf, ist der Ball für einen Moment nicht unter seiner Kontrolle. Diesen Moment kann AV zur Balleroberung nutzen und nach vorne wegdribbeln. Ein Aufdrehen in den AV hinein provoziert man, indem ein Mitspieler direkt auf den Ball geht. Der Gegner will sich „schützen“ und dreht auf. Abhängig von der Entfernung geht entweder MA oder auch der 6er auf den Ball. Schafft man es nicht zu doppeln und der Gegner dribbelt nach hinten weg, verfolgt AV ihn.

AV bleibt auch im Rücken des Gegners, wenn dieser hinterlaufen wird. Dribbelt er dagegen frontal auf AV zu und wird dann hinterlaufen, so lässt sich AV zunächst nach hinten innen fallen. Jetzt sollte schon entweder 6er oder IV herangerückt sein. Sie übernehmen den Dribbler und AV orientiert sich zu dem Spieler, der hinterläuft.

Eine sehr effektive, aber schwierige Variante, am Flügel zu doppeln, ist es, dem Gegner den Durchbruch innen anzubieten. Dazu geht AV so in seitliche Stellung, dass er offen zur Mitte steht und sich weiter außen postiert. In diese Stellung darf er aber erst gehen, wenn der IV oder 6er sich in unmittelbarer Nähe in einer Tiefenstaffelung befindet. Dabei dürfen sie weder zu weit entfernt noch auf einer Höhe zum AV stehen. Sobald der Gegner innen durchbricht, übt AV Druck auf den Gegner aus und der in der Tiefe stehende Spieler kann den Ball erobern und nach vorne wegdribbeln. Diese Variante des Doppelns lässt sich in der Regel nur anwenden, wenn bereits nach außen verschoben wurde. Also bei einem Pass von außen.

Sucht der gegnerische MA das Kombinationsspiel mit einem entgegenstartenden ST, so lässt sich AV nach hinten innen fallen. Ansonsten könnte AV mit einem Doppelpass ausgespielt werden. Ist der Ball im zentralen Mittelfeld und der gegnerische MA startet entgegen, um sich anzubieten, läuft AV zunächst mit, aber nicht so weit, dass er seine Seite für einen aus der Tiefe startenden Gegner öffnet.

Befindet sich die Abwehr weit vom eigenen Tor entfernt und ein Gegner dribbelt frontal auf sie zu, so weicht diese nach hinten zurück und verdichtet dabei das Zentrum (trichterförmig zurückweichen). Ab ca. 22 Meter vor dem Tor rückt der ballnächste Abwehrspieler zum ballführenden Gegner heraus. Dies wird ein IV sein, da der Gegner Richtung Tor dribbeln wird. Ballnaher AV und ballferner IV werden zusammen mit dem heraustretenden IV ein Abwehrdreieck bilden. So werden Pässe in die Tiefe unterbunden. AV und IV agieren höher, fast auf einer Höhe mit dem heraustretenden IV, wenn ein angespielter ST mit dem Rücken zum Spiel gestellt werden kann. So kann man einen Pass vom ST nach außen direkt attackieren.

Befindet sich der Ball vor dem Mittelfeld und der ballführende Gegner ist so unter Druck, dass er keinen Flugball spielen kann, so hält AV zusammen mit den anderen Verteidigern die Höhe. Kann der Gegner dagegen einen Flugball hinter die Abwehr spielen, da er viel Platz um sich hat, so lässt sich die Abwehrkette rechtzeitig fallen. Steigt ein IV zum Kopfball hoch, so bilden AV und zweiter IV ein Abwehrdreieck. So wird der zum Kopfball steigende IV abgesichert. Spielt der Gegner wider Erwarten keinen Flugball, sondern einen Pass, so schiebt AV zusammen mit den anderen Verteidigern wieder vor. Gewährleistung eines kompakten Mannschaftsverbands!

Verschiebt der Mannschaftsverband zur Ballseite, so rückt der ballferne AV weniger weit ein. So ist er in der Lage, einen etwaigen diagonalen Flugball des Gegners abzufangen. Verhindern kann man Flugbälle im Rücken der Abwehr in der Regel, indem man die Ballführenden stets unter Druck setzt (ihm Raum nimmt). Findet der Gegner keinen Passweg nach vorne oder quer, so wird er einen Rückpass spielen. Erfolgt ein Rückpass nicht frontal auf einen Spieler, so besteht keine direkte Gefahr eines Flugballs und der AV kann zusammen mit seinen Mitspielern vorschieben.

Der AV muss sich stets über den Pressingauslöser im Klaren sein. ST läuft in einen Querpass der IV und provoziert so ein Zuspiel zum freistehenden gegnerischen AV. Soll jetzt beim gegnerischen MA gepresst werden, so darf man diesen zunächst nur lose decken. Soll dagegen das Spiel nach innen gelenkt werden, so deckt AV den gegnerischen MA entweder eng oder kann auch Richtung IV einrücken, um das Zentrum zu verdichten, wenn MA einen Bogenlauf Richtung gegnerischen AV so absolviert, dass gleichzeitig der Passweg entlang der Linie geschlossen ist.

Deckt AV den gegnerischen MA eng und wird mit einem Flugball überspielt, so müssen sich ballferner AV und beide IV schräg nach hinten fallen lassen. So kann kein Pass im Rücken der Abwehr gespielt werden. Der komplette Mannschaftsverband lässt sich auch schräg nach hinten fallen, wenn der Gegner sich aus einem Pressing löst und das Spiel verlagert. Gelangt AV ins Pressing des Gegners, kann er sich mittels Direktspiel oder mit einem Pass zum ballfernen IV aus dem Pressing lösen.

Zumindest der ballnahe AV schaltet sich stets mit hohem Tempo in den Angriff ein. Der ballferne AV sichert in der Regel zusammen mit den beiden IV und einem 6er ab. Kommt es im Offensivdrittel zu einem Ballverlust und man hat in Ballnähe Überzahl, versucht man den Ball innerhalb von drei Sekunden zurückzugewinnen. Ist der ballführende Gegner dagegen ohne Druck und kann nach vorne dribbeln, lässt sich AV mit höchstem Tempo auf Höhe der beiden IV fallen und rückt ein. Kann der Gegner einen Angriff mit einer Kopfballabwehr entschärfen, so sollte keine zu aggressive Ballrückgewinnung stattfinden. Ansonsten kann der Ball schnell in den Rücken des AV gelangen.

Sechser (6er)

Der 6er sorgt für Stabilität in der Defensive. Zusammen mit den IV bildet er einen kompakten Block im torgefährlichen zentralen Raum vor dem eigenen Tor. Er sichert die Angriffe seines Teams ab, indem er den Raum zwischen Defensive und Offensive besetzt. So kann er etwaige Gegenangriffe verzögern, noch bevor die IV eingreifen müssen. Nach vorne geklärte Bälle der gegnerischen Defensive kann er abfangen und einen erneuten Angriff einleiten. Spielt man mit zwei 6ern, schaltet sich immer ein 6er in den Angriff ein. Ein so aus der Tiefe kommender Spieler ist für den Gegner schwer zu kontrollieren.

Je nachdem, mit wie vielen 6ern man spielt, unterscheiden sich die defensiven Aufgaben. Bei zwei 6ern kann ein 6er ständig zusammen mit dem AV am Flügel doppeln. Der zweite 6er bleibt im Zentrum und sorgt dort für Kompaktheit. Bei zentraler Ballposition befinden sich die 6er in einer Tiefenstaffelung. Der ballnahe 6er übt Druck auf den Ball aus und der ballferne 6er steht etwas tiefer wenige Meter daneben. Durch die Tiefenstaffelung soll keine Passlücke zwischen den 6ern entstehen und zusätzlich die Option bieten, den zentralen Dribbler zu doppeln. Dazu steuert der vordere 6er den Gegner durch eine seitliche Stellung zum tieferen 6er. In dem Moment, in dem der Dribbler das Angebot annimmt und sich den Ball am vorderen Spieler Richtung zweiten 6er vorlegt, tritt der tiefere 6er aus seiner Position heraus und erobert den Ball.

Spielt man dagegen mit nur einem 6er, kann man einen zusätzlichen Offensivspieler aufstellen. Somit besitzt man nach einem Ballgewinn eine Anspielstation mehr in der Tiefe. Ein alleiniger 6er sollte seine Offensivaktionen auf ein Minimum reduzieren. Im Falle eines gegnerischen Konters wäre der freie Raum vor den IV sonst sehr groß. Bei zentraler Ballposition des Gegners können 10er und 6er zusammen doppeln. Ist der 10er vor dem Ball, kann der 6er zusammen mit einem IV doppeln. Auch hier übt der vordere Spieler in einer seitlichen Stellung Druck auf den Ball aus und versucht den Gegner zu dem tiefer postierten Mitspieler zu steuern.

Spielt das Team Pressing, muss der 6er gegnerische Anspielstationen im Zentrum eng decken. Dabei steht er überlappend hinterm Gegner. Das heißt seitlich leicht versetzt auf der Seite des Passgebers. Der gedeckte Gegner darf sich nach einem Zuspiel nicht aufdrehen können. Dribbelt er weg, bleibt der 6er eng in seinem Rücken. Der 6er darf in dieser Spielsituation nicht foul spielen. Stattdessen wartet er auf einen höher postierten Spieler, der direkt auf den Ball geht und so ein Aufdrehen des Gegners provoziert. Beim Aufdrehen ist der Ball für einen Moment frei. Diesen Moment nutzt der 6er, um den Ball zu erobern. Steht der 6er im Zentrum gegen zwei Gegner, so rücken die MA ins Zentrum vor die IV ein.

Bei gegnerischen Flugbälle auf die Abwehrkette versucht er die kommende Spielsituation zu antizipieren und so den zweiten Ball zu gewinnen. Der 6er geht in keine unnötigen offensiven 1-gegen-1-Dribblings. Im Falle eines Ballverlustes wäre der Raum vor den IV frei. Hat er dagegen einen freien Raum vor sich, z. B. wenn er im Spielaufbau nach einem Zuspiel des IV aufdrehen kann, so stößt er mit einem Tempodribbling in diesen Raum. Ist ein Mitspieler am Flügel in Ballbesitz und unter Gegnerdruck, bietet er sich zentral an, damit man über ihn das Spiel verlagern kann. Bei zentraler Ballposition des Gegners übt der 6er zwar immer Druck auf den Ball aus, darf dabei aber nicht zu ungestüm agieren, damit er nicht ausgespielt wird. Durch einen nahen Abstand zum Ball kann der Gegner kaum Flugbälle oder Pässe in die Tiefe spielen. Er ist gezwungen quer- oder zurückzuspielen.

Wird der 6er überspielt, indem ein Gegner vor den IV angespielt wird, muss die Abwehrkette bis auf den sicheren Abstand (22 Meter Tordistanz) zurückweichen und dabei den Raum nach innen hin verengen. Die AV rücken dazu an die IV ran. Der 6er setzt mit höchstem Tempo nach und versucht auf der Seite des Dribbelfußes des Gegners den Ball von hinten zu gewinnen. Die Chancen sind vielversprechend, da das Zurückweichen der Abwehrkette das Tempo des Dribblers verlangsamt und der Dribbler einen von hinten kommenden Gegner nicht im Fokus hat. Wird der ballführende Gegner dagegen mit dem Rücken zum Spiel vom IV gestellt, geht der 6er direkt auf den Ball und zwingt ihn so zum Aufdrehen in den IV hinein.

Doppelt der 6er am Flügel mit dem AV, so unterscheidet man zwei Situationen. Zum einen wenn der Gegner frontal aufs Tor dribbelt und zum anderen wenn der Gegner mit dem Rücken zum Spiel vom AV gestellt wird. In beiden Fällen orientiert sich der 6er frühzeitig nach außen. Dribbelt der Gegner frontal, so postiert sich der 6er in einer Tiefenstaffelung zum AV. Der AV steuert den Gegner dann durch eine seitliche Stellung nach innen zum 6er. Sobald sich der Gegner den Ball vorlegt, geht der 6er auf den Ball. Es ist wichtig, dass der 6er dabei nicht zu weit vom AV entfernt steht, sonst kann der Gegner den Ball nach einem Vorbeilegen wieder kontrollieren. Nachdem der Gegner sich den Ball Richtung 6er vorlegt, bleibt der AV an ihm dran und setzt ihn so weiter unter Druck. Wird der ballführende Gegner aber zuvor hinterlaufen, so orientiert sich der AV zum hinterlaufenden Gegner und der 6er stellt den dribbelnden Gegner so in seitlicher Stellung, dass er nur nach außen durchbrechen kann. Konnte AV dagegen den Gegner mit dem Rücken zum Spiel stellen, so geht der 6er direkt auf den Ball, um ihn zu erobern oder ein Aufdrehen in den AV hinein zu provozieren.

Wird ein 6er von einem Mitspieler aus einer tieferen Position mit einem Pass in die Offensive überschlagen (z. B. IV auf 10er oder MA), so rückt dieser direkt Richtung Passempfänger nach. So hat der Passempfänger die Option, den Ball klatschen zu lassen. Außerdem kann man so im Falle eines Ballverlustes den Ball direkt zurückerobern. Ein Ballverlust im Offensivdrittel mit gleichzeitiger Überzahl in Ballnähe ist eine gute Voraussetzung für die Rückgewinnung des Balls.

Generell hält der 6er bei eigenen Angriffen stets Kontakt zu den Offensivspielern. So kann er als zusätzliche Anspielstation nach hinten dienen und kann gleichzeitig Befreiungsschläge des Gegners, an den eigenen Offensivspielern vorbei, abfangen und einen erneuten Angriff einleiten. Im Falle eines gegnerischen Konters kann er so auch die IV beim Verteidigen unterstützen. Im Fußball spricht man dann von einer sogenannten Rückverteidigung.

Mittelfeldaußen (MA)

Neben dem AV gehört der MA zu den Spielern, die sich gleichermaßen stark in der Defensive und Offensive einbringen müssen. Daher benötigt der MA eine große Bandbreite an technischen Fähigkeiten. Er muss stark im fintierenden Dribbling sein, sicher im Torabschluss, gut im Flanken, gut im Kopfball und hohe und flache Zuspiele zielgenau in den freien Raum mitnehmen können. Darüber hinaus muss er AV ständig bei der Balleroberung unterstützen, situativ in die Abwehrkette einrücken, Pressingsituationen erkennen und durch sein Laufverhalten das gegnerische Aufbauspiel lenken.

Eröffnet der Gegner das Spiel, steht er zunächst tief und nach innen eingerückt. Er ist Bestandteil eines kompakten Mannschaftsverbands. Durch die tiefe Position des Mannschaftsverbands wird eine kurze Spieleröffnung provoziert. Jetzt kann man durch das Öffnen und Schließen von Passwegen, einem engen und weiten Decken von Gegenspielern die Passrichtungen bestimmen. Durch die Verdichtung des Zentrums wird zunächst ein Pass des IV zum AV provoziert. Bevor der IV zum AV passt, geht MA auf Schlagdistanz zu AV. Er deckt diesen zunächst weit, damit dieser angespielt wird. Mit dem Pass zum AV läuft MA ihn entweder auf direktem Wege oder in einem äußeren Bogen an. Im ersten Fall wird ein Pass entlang der Linie provoziert und im zweiten Fall ein Pass ins Zentrum. Das Pressing hat den Vorteil, dass Mitspieler im Voraus wissen, wo der Ball hingespielt wird. Am „Zielort“ können Sie dann durch eine Überzahlsituation den Ball leicht gewinnen. Löst sich der Gegner mit einem Flugball Richtung Abwehrkette aus dem Pressing, versucht MA den zweiten Ball zu gewinnen bzw. direkt für einen Mitspieler anspielbar zu sein.

Der ballferne MA stabilisiert bei einem Pressing die Defensive, indem er ins Zentrum nahe der Abwehrkette einrückt. Löst sich der Gegner mit einer Spielverlagerung aus dem Pressing, so lässt sich der ballnahe MA zusammen mit seinen Mitspielern diagonal nach hinten fallen. Damit ein Pressing gelingt, ist es wichtig, dass MA stets Anschluss an die Stürmer hält. Es darf kein freier Raum zwischen Mittelfeld und Sturm entstehen. Sollte MA keine Kraft haben, ST zu folgen, so muss er ST zurückrufen. Der MA beobachtet genau den Spielaufbau des Gegners. Sollte ein Pass in den Rücken des nahen AV erfolgen, den dieser erlaufen muss, rückt MA direkt vor und stellt AV mit dem Rücken zum Spiel. Alle Mitspieler schieben nach und streben eine sofortige Balleroberung an.

Im eigenen Spielaufbau ist ein weiträumiger Flachpass in die Tiefe eine ideale Aktion. MA kann einen solchen Pass erhalten, indem er leicht nach innen einrückt und sich dem IV zeigt. Dabei befindet er sich in offener Stellung. Ein Zuspiel kann er dann schnell in Spielrichtung mitnehmen. Der MA lässt sich falls nötig bis auf Höhe der 6er fallen. Bei einem Dribbling des nahen AV löst sich MA in offener Stellung nach außen und fordert ein Zuspiel.

Die MA absolvieren ständig Lauffinten, um sich vom Gegner zu lösen und damit ohne sofortigen Gegnerdruck anspielbar zu sein. Nach einem Zuspiel dribbelt MA vorzugsweise nach innen, um Raum für den hinterlaufenden AV zu schaffen. Gleichzeitig soll ihm die nahe Sturmspitze entgegenstarten. Er kann mit ihr Doppelpass spielen bzw. ein Spiel über den Dritten zum AV über ihn einleiten. Alternativ geht er fintierend am AV vorbei und sucht je nach Position den Torabschluss oder einen Pass vor das Tor. Eine ausgeprägte Beidfüßigkeit wäre hier von Vorteil.

Der MA muss besonders dann die Defensive unterstützen, wenn der gegnerische MA aus dem Zentrum angespielt wird. Hier muss er sofort AV bei der Balleroberung unterstützen. Der 6er kann hier nicht schnell genug eingreifen, da er aufgrund der zentralen Ballposition in der Spielfeldmitte gebunden ist. AV steuert den Gegner nach außen, um einen Durchbruch nach innen zu verhindern. MA macht jetzt die Art des Doppelns vom Dribbelfuß des Gegners abhängig. Dribbelt dieser mit dem äußeren Fuß, so geht er auf den Ball, indem er den Gegner von außen anläuft. Dribbelt der Gegner dagegen mit dem inneren Fuß oder AV konnte ihn mit dem Rücken zum Spiel stellen, geht MA auf geradem Weg zum Ball.

Auch soll MA aufmerksam nach einem Ballverlust eines Mitspielers sein. Findet dieser im Offensivdrittel mit gleichzeitiger Überzahl in Ballnähe statt, so signalisiert und beteiligt er sich an einem Gegenpressing. Sieht er, dass ST in ein fintierendes Dribbling geht, besetzt er direkt seinen Rückraum, um im Falle eines Ballverlustes eingreifen zu können.

Bei gegnerischem Ballbesitz müssen die Offensivspieler ständig den ballführenden Gegner unter Druck setzen, damit keine Flugbälle oder Pässe in die Tiefe gespielt werden können. Den ballführenden Gegner darf man aber nicht zu stürmisch attackieren, sonst wird man mit einer einfachen Finte ausgespielt. Erhält MA nach einer schnellen Spielverlagerung den Ball, sollte er mit einem Tempodribbling in den freien Raum stoßen. Hat der nahe AV bei einem gegnerischen Angriff zwei Gegenspieler, so übernimmt MA einen davon.

Zehner (10er)

Der 10er wird allgemein als Spielgestalter einer Fußballmannschaft gesehen. Der Spieler, der den „tödlichen" Pass in die Schnittstellen der gegnerischen Abwehr spielen kann. Dies entspricht jedoch nur zum Teil der Wahrheit. Aufgrund der verengten Schnittstellen im modernen Fußball durch die ballorientierte Verteidigung, kann der 10er einen solchen Pass in die Tiefe nur spielen, wenn der Mitspieler von sich aus in den entsprechenden Raum startet. Heutzutage müssen also die Spieler ohne Ball die Ideen für die genialen Pässe haben. Der Ballführende, z. B. der 10er, benötigt dagegen „nur" die Wahrnehmung für die Laufwege der Mitspieler und das technische Vermögen, diese präzise anzuspielen.

Durch seine zentrale Spielposition kann der 10er für fast alle Spielpositionen Anspielstation sein. Daher sollte der 10er ständig Freilaufbewegungen absolvieren und sich zum ballführenden Mitspieler orientieren. Die logische Folge sollten viele Ballkontakte sein. Die Zuspiele leitet er möglichst schnell, am besten direkt weiter. Somit wird der 10er zum Dreh- und Angelpunkt einer Mannschaft.

Der 10er, wie auch die anderen offensiven Mitspieler, bietet sich den IV und 6ern beim Spielaufbau permanent an. Erhalten sie den Ball, nehmen sie ihn in Spielrichtung mit (aufdrehen) oder lassen ihn klatschen. Kann aufgedreht werden, dribbelt man in freie Räume, Mitspieler ohne Ball verlassen den Deckungsschatten des Gegners und besetzen die Breite des Felds bzw. starten in freie Räume in die Tiefe. Vor dem gegnerischen Tor soll der 10er die Räume erkennen, in die ST oder MA starten kann. Laufen sie nicht von selbst in diese Räume, ruft der 10er ihre Namen und zeigt in die Tiefe. Der Pass muss jetzt gut getimt und mit dem richtigen Druck gespielt werden.

Sind seine Mitspieler am Flügel in Ballbesitz und stehen dort unter Raum- und Gegnerdruck, so schiebt er Richtung Außenbahn und bietet sich für eine Spielverlagerung an. Bauen die IV das Spiel mit Flachpässen auf und man spielt mit nur einem 6er, so lässt sich der 10er auf eine zweite 6er-Position fallen (situativ ein 4-4-2-flach bilden). Je nachdem, welcher IV in Ballbesitz ist, bietet er sich vertikal oder diagonal in offener Stellung an (ballferne 6er-Position steht näher zum eigenen Tor). Spielt man mit zwei 6ern, so bietet sich der 10er höher zwischen den beiden 6ern den IV an. Im Übergangsspiel (Phase zwischen Spielaufbau und Torchancen erspielen) und Angriff bewegt er sich viel zwischen dem gegnerischen Mittelfeld und der gegnerischen Abwehr und versucht dort anspielbar zu sein.

Baut der Gegner das Spiel auf, so müssen die ST viel vom 10er gecoacht werden. Er muss dafür sorgen, dass man im Zentrum kompakt steht. Dass die ST Kontakt zum Mannschaftsverband haben, ihn nicht verlieren und im richtigen Moment das Pressing starten (z. B. Querpass eines IV zum anderen, nahe den ST). Seine zentrale Aufgabe während des Pressings ist es aber, Pässe in die Tiefe zuzustellen bzw. zentrale

Anspielstationen eng zu decken. Dabei steht er nicht direkt hinterm Gegenspieler, sondern leicht seitlich versetzt, so dass dieser nach einem Zuspiel nicht aufdrehen kann. Nach einem solchen Zuspiel muss ST dann direkt auf den Ball gehen, um ihn zu gewinnen bzw. ein Aufdrehen des Gegners in den 10er hinein zu provozieren.

Möchte man den Spielaufbau des Gegners ins Zentrum steuern, müssen die ST so breit agieren, dass sie die Passwege von den IV zu den AV zustellen. Dribbelt ein IV dann Richtung Zentrum, wird er vom ballnahen ST verfolgt und unter Druck gesetzt. Der ballferne ST rückt diagonal nach hinten zur Stärkung des Zentrums ein. Gegnerische 6er werden zunächst nur lose gedeckt, um ein Anspiel zu provozieren. Sobald sie angespielt werden, können sie aufgrund der Überzahl im Zentrum effektiv gedoppelt werden. Der 10er spielt dabei eine zentrale Rolle, da er durch seine Position den genauen Passweg ins Zentrum bestimmt. Wird vertikal ein 6er angespielt, stellt der eigene 6er ihn mit dem Rücken zum Spiel und der 10er doppelt nach hinten. Wird dagegen diagonal zum anderen 6er gepasst, stellt der ballferne MA den 6er mit dem Rücken zum Spiel und 10er oder ST doppeln nach hinten.

Eine weitere Aufgaben des 10ers ist es, Spielsituationen zu erkennen, in denen ein gegnerischer Verteidiger einen Pass in seinem Rücken erlaufen muss. Unabhängig von wem der Pass kommt, gibt der 10er ein Kommando zur Attacke und die Mannschaft schiebt geschlossen zum Ball. Der ballnächste Mitspieler stellt den Gegner mit dem Rücken zum Spiel und die Mitspieler stellen alle Anspielstationen zu.

Auch eine geschlossene Stellung des IV (mit dem Rücken zum Spiel), wenn er vom TW angespielt wird, soll der 10er erkennen. Mit seinem Kommando verkürzt der ballnahe ST sofort die Distanz zum betreffenden IV und spekuliert auf ein unachtsames Aufdrehen. Die Mitspieler schieben geschlossen nach. Auch bei einem Ballverlust im Offensivdrittel, bei Gleich- oder Überzahl in Ballnähe, gibt der 10er sofort ein Kommando. Alle Spieler beteiligen sich dann an der Rückgewinnung des Balls.

Solange man beim gegnerischen Spielaufbau noch kein Pressing gestartet hat, gilt es, kompakt hinterm Ball zu stehen. Der jeweils ballnächste Offensivspieler übt Druck auf den Ball aus, um Flugbälle auf die Abwehrkette zu verhindern. Durch ein kompaktes Zentrum werden Pässe nach außen provoziert. Hier kann man dann mit Hilfe der Seitenlinie effektiv pressen. Der Gegner kann sich am Flügel nur auf einer Seite aus dem Pressing lösen.

Stürmer (ST)

Die Position des Stürmers wird in erster Linie mit der Aufgabe, Tore zu schießen, verbunden. Im modernen Fußball hat ein ST darüber hinaus aber noch viele andere Aufgaben. Erfüllt er diese im Sinne des Teams, muss er sich nicht allein an seinen erzielten Toren messen lassen.

Grundsätzlich gilt, dass der ST nicht aus dem Mannschaftsverband ausbrechen sollte, weder bei eigenem noch bei gegnerischem Ballbesitz. Bei einem spielaufbauenden Gegner agiert jede modern spielende Mannschaft im Pressing. Dabei ist ST der vorderste „Verteidiger“ und bestimmt durch sein Laufverhalten die Passwege der spielaufbauenden Verteidiger.

Durch ein kluges Laufverhalten kann ST Pässe in Räume provozieren, in denen man schnell Überzahl erzeugen kann. Je nach Pressingvariante hat er dann verschiedene Nachfolgeaktionen. Bei einem Pass ins Zentrum doppelt er nach hinten, da Mittelfeldspieler den angespielten Gegner mit dem Rücken zum Spiel stellen. Dazu geht ST direkt auf den Ball und zwingt den Gegner so zu einer Aktion. Bei einem Pass nach außen schiebt er sich zwischen AV und IV und stellt somit einen Rückpass zu. Alternativ attackiert er den AV von der Seite. Würde ST beim Anlaufen des Gegners aus dem Mannschaftsverband herausbrechen, entstünde ein freier Raum in seinem Rücken. Deshalb gilt es für den Rest der Mannschaft, nachzurücken oder ST zurückzurufen.

Bei eigenem Ballbesitz agiert ST ebenfalls im Mannschaftsverband. Er soll stets für den Ballführenden erreichbar sein. Daher sucht ST ständig nach offenen Passwegen. Selbst wenn IV in Ballbesitz ist, versucht er anspielbar zu sein. Ein weiträumiger Pass nimmt zahlreiche Gegenspieler aus dem Spiel und bedeutet viel Raumgewinn. Bieten sich die Offensivspieler dem ballführenden 6er und 10er ausschließlich in der Tiefe an, so bewegt sich ST in die Gegenrichtung zum Ballführenden hin. Nach einem Zuspiel bemüht sich ST um ein flüssiges Kombinationsspiel mit Mittelfeld und Außenverteidiger. Startet er entgegen und wird nicht angespielt, bleibt er in Bewegung, indem er sich wieder Richtung gegnerischer Abwehr orientiert.

Aussichtsreiche Torchancen entstehen immer dann, wenn in den Rücken der Abwehr zum ST gespielt wird. Damit man in diese Spielsituation kommt, sucht ST ständig nach freien Räumen, in denen der Ballführende passen und er hineinstarten kann. Für ein Gelingen der Aktion ist der Blickkontakt zwischen Passgeber und Passempfänger wichtig. Eventuell mit Handzeichen arbeiten, um auf sich aufmerksam zu machen. Verbindet ST seinen Start in die Tiefe mit einer Lauffinte, kann er seinen Gegenspieler dadurch auf Distanz halten. Postiert er sich außen am gegnerischen IV, kann er durch die Schnittstelle IV / AV angespielt werden.

Absolviert MA ein Dribbling Richtung gegnerisches Tor, so startet ST ihm aus dem Zentrum entgegen, fordert ein Zuspiel und hat dann verschiedene Optionen. Er kann den Ball auf einen hinterlaufenden AV klatschen lassen, er kann auf einen zentralen Mittelfeldspieler klatschen lassen oder nimmt das Zuspiel Richtung der Schnittstelle IV und AV an und mit und bricht durch die Abwehrkette durch. Wie bei allen anderen Aktionen des ST, entscheidet das richtige Timing über Erfolg und Misserfolg. Im Idealfall sprintet er so los, dass er das Zuspiel aus der Bewegung heraus verarbeiten bzw. weiterleiten kann. Kommt ST zum Stehen, kann er attackiert werden.

Agiert man mit zwei ST, können sie sich gegenseitig Räume schaffen (Räume öffnen). Bietet sich ein ST durch Entgegenstarten dem ballführenden Mittelfeldspieler an, so öffnet er den von ihm verlassenen Raum für den zweiten ST. Ein entgegenkommender ST wird nämlich oft vom IV verfolgt. Durch dieses Verhalten entsteht im Rücken des IV ein freier Raum.

IV handelt so, weil er ein Aufdrehen des entgegenkommenden und dann angespielten ST verhindern will. Der zweite ST kann nun vom Ballführenden in diesen freien Raum angespielt werden. Sollte der entgegenkommende ST nicht verfolgt werden, kann er nach einem Zuspiel aufdrehen. Er dribbelt dann frontal auf die Abwehr zu und kann einen in die Tiefe startenden Mitspieler anspielen. Alternativ zieht er mit einer Finte am gegnerischen IV vorbei. Dazu muss er ihn zunächst schräg andribbeln, auf einer Seite einen Durchbruch antäuschen und dann explosionsartig entgegengesetzt wegdribbeln.

Verfügt man über schnelle und ballsichere ST, besitzt man große Spielvorteile. Schnelle Spieler können auch unpräzise Pässe im Rücken der Abwehr vor dem Gegner erlaufen. Mit ballsicheren ST kann ein effektives Kombinationsspiel aufgezogen werden. Besonders Spiele über den Dritten sind für den Gegner schwer zu verteidigen. Sollte ST gut fintieren können (Schussfinte, Ausfallschritt, Übersteiger), kann er durch das Ausspielen eines Gegenspielers Überzahl vor dem gegnerischen Tor schaffen.

Eine besonders häufige Spielsituation ist die, dass der angespielte ST vom gegnerischen IV mit dem Rücken zum Spiel gestellt wird. Alternativ zum Klatschen-lassen des Balls kann er sich auch um den Verteidiger herumwickeln und frei aufs Tor dribbeln. Dies ist bei einer sehr engen Deckung und der Anwendung einer Rivelino-Finte erfolgsversprechend. Dazu schirmt ST den Ball in einer seitlichen Stellung vom Gegenspieler ab, steigt dann von außen nach innen mit einem Fuß über den Ball, verlagert sein Körpergewicht in diese Richtung und dribbelt dann mit der Außenseite des gleichen Fußes explosionsartig in die Gegenrichtung weg.

Besonders wichtig für den ST ist es, regelmäßig intensives Techniktraining zu erhalten. Er sollte in der Lage sein, flache und hohe Zuspiele ohne Zeitverlust zu kontrollieren und in Spielrichtung mitzunehmen. Er sollte nicht nur beidfüßig passen, sondern auch beidfüßig schießen können. Der Hüftdrehstoß, also ein Torabschluss aus der Drehung, kommt häufig nach Hereingaben von außen vor. Und trotz Kurzpassspiel sollte der ST auch im offensiven Kopfball ausgebildet werden.

Mehr Trainingsbücher

von Martin Hasenpflug

Turbo-Lernfußball

Eine innovative Trainingsmethode für den Jugendfußball

Die Trainingsmethoden der Fußballverbände erreichen eine immer höhere Komplexität. Der Kern des Fußballs – das Miteinanderspielen – wurde aus dem Fokus verloren. Beim Turbo-Lernfußball konzentriert sich dagegen alles auf ein zielgerichtetes Zusammenspiel. Dafür wurden effektive Technik-, Schnelligkeits-, Ballzirkulations- und Taktikübungen konzipiert. Vom Kombinationsspiel ablenkende Schwerpunkte wurden gestrichen.

ISBN 978-3-8423-6369-4

Fußballtraining total

Das Martin-Hasenpflug-System

Fußballtraining total enthält komplette Trainingseinheiten für die ganze Saison. Im Zentrum von Martin Hasenpflugs Trainingssystem steht der Spaß am Fußball. Mit den 14 enthaltenen Hauptthemen wird der Trainer kompetent durch alle Entwicklungsstufen seines Teams begleitet. Das dabei angeeignete Fachwissen ermöglicht ein immer gezielteres Arbeiten, so dass schon nach wenigen Monaten ein attraktives Fußballspiel nach spanischem Muster stehen kann.

ISBN 978-3-8448-0258-0

Evolution der Viererkette

Das Ballgewinnspiel

Mit der Viererkette wurde im Fußball eine neue Ära eingeleitet. In Synthese mit einem kompakten Mannschaftsverband wird Überzahl am Ball geschaffen und alle relevanten Pässe zum eigenen Tor zugestellt. Die logische Fortsetzung dieser Meilensteine der Fußballtaktik ist das Ballgewinnspiel. Dieses Buch enthält das Resultat aus über 100 Jahren Fußballkompetenz auf wenige Punkte heruntergebrochen. In kürzester Zeit lässt sich das Ballgewinnspiel trainieren, verinnerlichen und erfolgreich im Spiel umsetzen.

ISBN 978-3-8448-1147-6

In 6 Schritten zum perfekten Fußballspiel

Komplette Trainingseinheiten für den Leistungsfußball

Der Autor schafft es in diesem Fußballtrainingsbuch das ganze Wissen des modernen Fußballs auf nur sechs Lernziele zu reduzieren. Aufgrund dieser Verdichtung werden bei der Ausbildung der Spieler so die Kräfte konzentriert, dass dies eine rasante Entwicklung der gesamten Mannschaft zur Folge hat...

ISBN 978-3-8423-7120-0

Spielend angreifen lernen

Systematisch mehr Tore erzielen

In knapp 100 abwechslungsreichen Übungen, die systematisch aufeinander abgestimmt sind, zeigt Hasenpflug, wie man seine Mannschaft innerhalb kurzer Zeit in den Bereichen Konterspiel, Positionsspiel, Positionsangriff, Pressing, Handlungsschnelligkeit, Tempodribbling, Fintieren, Torschuss, gruppentaktische Angriffsmittel und vieles mehr verbessern kann.

ISBN 978-3-8391-8050-1

Spielend zur Viererkette

Zeitgemäßes Jugendfußballtraining

Eine Fußballweisheit besagt, dass zwar der Angriff das Spiel, jedoch die Abwehr die Meisterschaft gewinnt. Welcher Fußballtrainer träumt nicht davon, die Meisterschaft zu gewinnen und dabei gleichzeitig seine Spieler optimal zu fördern? Dieser Wunsch kann durch das ausgeklügelte System zum Erlernen der Viererkette Realität werden!

ISBN 978-3-8391-4836-5

Fußballtraining mit Kids

In 12 Wochen zum Spitzenteam

Fußballtraining mit Kids enthält 118 optimal aufeinander abgestimmte Übungen. In zehn Schwerpunkten lernen die Kinder die wichtigsten Grundlagen, die den großen und attraktiven Fußball ausmachen. Wer schon bald sein Team mit Doppelpässen, Finten, Pässen in die Tiefe, Hinterlaufen usw. glänzen sehen will, findet in diesem Buch die passende Anleitung!

ISBN 978-3-8370-6455-1